ベーシック形態論

A Basic Guide to Morphology

はじめに

　本書は、言語学をまったく初めて学ぶ人に、形態論の基本的な考え方や方法論を身につけてもらい、単語の成り立ちや単語ができるしくみを理解してもらうことを目的に書かれた入門書です。しかし、そもそもまったく初めてということであれば、本書の題名である「形態論」が何なのかもわからないと思います。そこで、ごく簡単に形態論とはどういう学問なのかを説明しておきたいと思います。

　形態論とは、言語の基本単位である単語が作られるしくみを明らかにすることを主な目的とした言語学の研究領域です。単語が作られるしくみと聞いてもあまりピンとこないかもしれません。一つ身近な例から考えてみましょう。

　「ぼっちキャンプ」という言葉があります。この「ぼっち」とは何でしょうか。そうです、もちろん「一人ぼっち」の「ぼっち」です。では、どうしてこの部分だけ切り離して使えるのでしょうか。どうして切り離した部分が独立した意味を持つのでしょうか。このようなことが可能なのは、私たちが「一人ぼっち」という単語が成り立つしくみを知っているからです。

　もう一つ別の例。皆さんは、「難しい」と「ムズい」の違いを考えたことがあるでしょうか。もしかしたら学校で「ムズい」と言ったら、先生に注意されたことがあるかもしれません。みんなが「ムズい」と言っているのに、これは間違った言い方でしょうか。

　日本語の問題だけではありません。英語の単語には時々似たようなかたちのものがあります。activity と activeness、curiosity と curiousness のようにほとんど同じなのに最後だけ少し違うというものです。これらは何が違うのでしょうか。あるいは共通点はあるのでしょうか。別の例として、union、 unite、universe、unique は共通している部分がありますが、これらは何か関連のある単語なのでしょうか。

　形態論はこういった疑問に答える学問です。

　本書は、形態論の概説書ですが、形態論の概念が日常的に経験する言語現象と密接に関わるものであることを理解してもらえるよう心がけました。そのため、理論的な問題には極力触れずに、実践的な知識を身につけることに重きを置きました。また、日本語と英語の比較ができるように、同じ現象が言語によってどのように異なるのか、あるいは同じなのかがわかるようにしました。何よりも言語現象に向き合うことが楽しくなるように工夫したつもりです。ただし、最後の章で形態論の理論について概説し、さらに理解を深めたい人のために、次のステップへのガイドもつけました。

　日々生まれてくる新しい単語も、千年以上前からずっと受け継いできた単語も、すべて私たちが形態論の原理を知っているからこそ、私たちの社会で生きています。単語というわかりやすい対象を通して、言語について考えることの面白さを味わってもらいたいと願っています。

　本書は大学のテキストとしても使用できる構成になっています。本書をテキストとして採用なさるか、採用を検討なさっている方には、授業のための資料を提供しています。ご希望の方は、お名前・担当授業名をご明記の上、ひつじ書房（textbook-hint@hituzi.co.jp）までメールでお問い合わせください。

目次

第1章　言語学の領域と形態論　　1
  1.1　言語とは？　　1
  1.2　言語学の研究領域　　4
  1.3　形態論　　6
  1.4　言語の名づけ機能　　8
  1.5　語彙とメンタル・レキシコン　　8

第2章　語と形態素　　13
  2.1　語とは何か　　13
  2.2　形態素　　16
  2.3　品詞　　18
  2.4　語を作るしくみ　　19
  2.5　形態素のまとめ　　26

第3章　英語の語彙、日本語の語彙　　29
  3.1　語彙とは何か　　29
  3.2　英語の語彙　　30
    3.2.1　英語の歴史　　30
    3.2.2　英語の語彙層　　32
    3.2.3　アングロ・サクソン系語彙とラテン系語彙の共存　　33
  3.3　日本語の語彙　　36
    3.3.1　日本語の歴史　　36
    3.3.2　日本語の語彙層　　37

	3.3.3　語彙の分布	39

第4章　英語の形態素　41

4.1	形態素の分類	41
4.2	英語形態素の種類	43
4.3	接辞の意味	49
4.4	英語の形態素のまとめ	50

第5章　日本語の形態素　51

5.1	日本語形態素の種類	51
5.2	漢字の「読み」と漢語形態素	52
5.3	漢語形態素の性質	56
5.4	英語のラテン語系形態素と日本語の漢語形態素	59
5.5	意味を持たない形態素	60
5.6	形態素のまとめ	62

第6章　派生　65

6.1	派生接辞	65
6.2	英語の派生接辞	67
	6.2.1　否定接辞の意味の違い	72
	6.2.2　異形態	74
6.3	日本語の派生接辞	75
	6.3.1　日本語の異形態	79
	6.3.2　漢語形態素による派生	80

第7章　複合語　　83

- 7.1　複合語の特徴　　83
- 7.2　主要部　　85
- 7.3　複合語の分類　　86
  - 7.3.1　述語関係　　87
  - 7.3.2　修飾関係　　89
  - 7.3.3　並列関係　　91
- 7.4　複合動詞　　92
- 7.5　漢語、外来語の複合語　　95

第8章　語の構造　　97

- 8.1　語の構造と主要部　　97
- 8.2　内心構造と外心構造　　101
- 8.3　語の不可分性　　104

第9章　転換、重複、その他の語形成　　107

- 9.1　語から語を作る　　107
- 9.2　転換　　107
  - 9.2.1　英語の転換　　107
  - 9.2.2　日本語の転換　　109
- 9.3　重複　　112
- 9.4　短縮　　115
- 9.5　逆形成　　119

第 10 章　屈折　　123

- 10.1　屈折とは何か　　123
- 10.2　英語の屈折素性　　125
  - 10.2.1　数　　125
  - 10.2.2　性（ジェンダー）　　126
  - 10.2.3　格と人称　　127
  - 10.2.4　時制とアスペクト　　128
  - 10.2.5　ヴォイス　　129
- 10.3　派生と屈折　　130
- 10.4　現在分詞と過去分詞　　133
- 10.5　パラダイム　　137

第 11 章　活用　　141

- 11.1　日本語の活用　　141
- 11.2　活用する品詞　　143
- 11.3　活用の形態素分析　　145
- 11.4　派生形態素と屈折形態素　　149
- 11.5　形容詞語幹に関わる現象　　152

第 12 章　形態論の理論　　157

- 12.1　形態論の位置付け　　157
- 12.2　接辞をどう見るか　　158
  - 12.2.1　IA モデル　　159
  - 12.2.2　IP モデル　　161
  - 12.2.3　WP モデル　　162
- 12.3　形態論の理論　　163
  - 12.3.1　生成文法の形態論　　164

12.3.2　分散形態論　　　　　　　　　　　　　165
　　　12.3.3　モジュール形態論　　　　　　　　　　167
　　　12.3.4　コンストラクション形態論　　　　　　168
　12.4　まとめ　　　　　　　　　　　　　　　　　170

次のステップへ　文献ガイド　　　　　　　　　　　171

参考文献　　　　　　　　　　　　　　　　　　　　175

索引　　　　　　　　　　　　　　　　　　　　　　178

第 1 章　言語学の領域と形態論

1.1　言語とは？

　私たちはほぼ毎日言語を使って生活をしている。言語は私たちが社会生活を送る上で欠かすことのできない重要なコミュニケーションの道具である。しかし、言語はコミュニケーションのためだけにあるわけではない。人は自分の属する共同体の伝統や文化を言語により伝承し維持する。また、世界中のさまざまな知識を共有するためにも言語を用いる。さらには、独りで読書に耽り、物事を深く考えるときにも言語を用いる。このように、言語はさまざまな側面をもった現象であり、複雑なシステムである。それはヒトという種を他の動物と区別する特質であると言える。以下では、言語とは何かという問いに、現代の言語学者が答える代表的な答えを見てみよう。

（１）　言語は記号である。
　　　現代言語学の祖、フェルディナン・ド・ソシュール（1857–1913）は、言語の本質は記号の体系であると言った。記号とは、表すもの（シニフィアン）と表されるもの（シニフィエ）が結びつき、コインの裏表のように一体化したものである。たとえば、「いぬ」という単語は、「いぬ」という音声または文字（シニフィアン）が特定の動物という概念（シニフィエ）に結びつく。この場合、「いぬ」が表すものであり、「特定の動物」という概念が表されるものである。これを図示すると次のようになる。

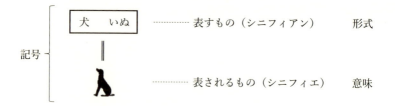

音声や文字は、記号の「かたち」つまり形式であり、「概念」は意味や情報である。したがって、言語記号とは、特定の形式が特定の意味に結びついたものということもできる。

さらに言語一般の問題として見れば、形式と意味の結びつきは言語ごとに異なる。「いぬ」は英語では dog、中国語では狗（gou）という音声や文字で表される。つまり、形式と意味の結びつきは人が自由に決めることができるのである。このことを指して恣意的な結びつきという。言語記号は、形式（音声、文字）が意味と恣意的に結びついたものであるというのがソシュールの記号としての言語という考え方である。

（2）言語は創造的である。

1960年代に言語学の世界で革新的な理論を打ち立て、現在も強い影響力のある言語学者がノーム・チョムスキー（1928–）である。チョムスキーは、その理論の出発点となる考え方として、「言語の創造性」ということを第一に考えた。私たちは、毎日の生活の中で言葉を使って生活しているが、その中のかなりの部分は、これまで一度も聞いたことのない文であることが多い。それでも人は、そういった文を理解することができ、また自分でも新たな文を発することができる。チョムスキーはこのことを次のようなナンセンスな文で説明する。

　　　Colorless green ideas sleep furiously.
　　　（無色の緑の思考が荒れ狂ったように眠る）

この文は、誰も聞いたことも、発したこともがないはずだとチョムスキーは言う。なぜなら、この文はまったく意味をなさないので、実際の場面で使うことがないからである。しかし、意味をなさないにしても、これが英語として正しい文だと判断するができる。聞いたことがなくてもその判断ができるのは、自分の中にある文法知識によって文を理解することができるからである。これが人間の言語能力というものであるというのがチョムスキーの主張である。私たちは、挨拶や接客の場面で慣用的に固定された表現を使うことも多いが、日常生活のほとんどの場面では、単語や表現を組み合わせて、その場に応じた文を作り出している。また、他の人がそのようにして作った文を理解することもできる。その組み合わせはほぼ無限と言っていいだろう。言語はそのような意味で創造的である。

(3) 言語はシステムである。

言語学は、科学的な方法によって言語の謎を解明しようとする学問なので、他の科学理論と同様に、現象の規則性の解明や一般化といったものを目指す。これは、後で述べる言語学の領域やよって立つ考え方の違いを超えて同じであると言ってよい。言語が規則や体系などのシステムとして捉えられるという考え方は、20世紀初頭に生まれた構造主義と呼ばれる考え方の基盤となるものであった。世界にはおよそ6,000の言語があるといわれているが、どの言語にも同等の複雑な構造や規則性があると考えられている。

(4) 言語は生得的である。

この見方は先に述べたチョムスキーによって特に強調されていることであるが、言語は、人間が自然な状態で、しかも成長のかなり早い段階で獲得することのできる能力であるという点で、人間が生まれながらにして持っている、つまり、生得的な能力であると考えられている。言葉を話すということは、人間が手を使う、二足歩行するという能力と同じように、人間という種に本来備わったものである。この点

は、多くの人にとっておそらく異論のないところだろうが、その能力がどのようにして習得されるのかという点にはさまざまな考え方がある。言語の能力の何が、どの程度生得的であるか、つまり人間という種に言語のどの部分が固有の遺伝情報なのかという点は、未だ推測の域を出ない問題であり、生得説には反対する学者もまた多い。

(5) 言語は人間の精神活動である。

　言語は人間だけが持つ能力である。そのため、人間が話したり、聞いたりする能力は、人間に固有の精神活動であると考える。この考え方は、特に認知言語学と呼ばれる言語へのアプローチの根幹を成しており、ロナルド・ラネカー (1942–)、ジョージ・レイコフ (1941–) らが創始した認知言語学では、言語が人間の持つ一般的な認知能力を直接的に反映したものと考える。そのため、ゲシュタルト知覚やカテゴリー化、視点の移動やイメージスキーマといった概念で言語のさまざまな事象を説明する。言語が人間に内在する知的な活動であるという点は、先に述べた生成文法にも共通する。しかし、前者が人間の一般的認知能力によって言語が生まれると考えているのに対し、後者は言語特有の能力ないし知識が言語を生み出すと考える点で異なる。

1.2　言語学の研究領域

　言語学は人間の言語を科学的な方法で研究する学問の領域である。あえて「人間の」という断りを入れているのは、たとえば、人間以外の動物も言葉を使うとか、AI も言語を理解すると言うとき、私たちは、人間が使用する以外の言語もこの世には存在すると考えているからである。そういった人間以外の言語も言語学の対象になることはあるが、普通は人間の言語（自然言語ともいう）を研究することが言語学の目的である。

　前節で述べたように、言語は、特定の音声（文字）と意味と結びつけて言語記号（単語）を作り、さらに単語を組み合わせて句を作り、句と句を組み

合わせて文を作り、文はさらに発話となる。言語は、このように音声から発話を組み立てるシステムである。このようなシステムとしての言語を研究するため、現代の言語学は、その対象となるものや現象によっていくつかの領域に分かれている。主なものは次のような領域である。

音韻論　言語音（音声）の組み合わせの規則性を明らかにする。音声そのものの研究は音声学と呼ばれる。
形態論　言語の基本単位である語（単語）の成り立ちや構成規則を明らかにする。
統語論　語を組み合わせて文が作られる規則（文法）を明らかにする。
意味論　語や文によって表される意味が理解されるしくみを明らかにする。
語用論　文が実際に発話されるとき、発話が伝達する意味を明らかにする。

さらに言語へのアプローチの仕方や研究の方法の違いによって言語学を分類することがある。また、社会学や心理学のような言語学と隣接する学問領域との関連によって言語学を下位区分することもある。そのような場合は「〜言語学」という呼称を使うことがある。

形式言語学　　　主に理論的なアプローチによって言語を分析する。
認知言語学　　　人間の認知能力との関連において言語を説明する。
社会言語学　　　社会における言語の役割から言語現象を説明する。
心理言語学　　　言語の理解や習得を心理学的なアプローチで解明する。
神経言語学　　　脳と言語の問題を主に実験的手法で解明する。
歴史言語学　　　言語の歴史的変遷や系統について研究する。
コーパス言語学　大規模な言語データから言語現象を説明する。
応用言語学　　　主に言語教育や外国語の習得に焦点を当てた研究を行う。

どのようなアプローチを取ったとしても、言語学は本質的には現象を説明する経験科学であることに違いはない。抽象度の極めて高い理論を構築することが目的であっても、大量のデータから統計的に結論を導き出すアプローチであっても、その大元にあるのは言語現象を説明することであり、そのためには言語という現実の事象に向き合わなければならない。

1.3 形態論

　言語をどのように考えるか、そして言語学はどのような学問かについて少し理解を深めてもらったところで、次に、この本のテーマである形態論について話をしよう。形態論は先に述べたように、「言語の基本単位である語（単語）の成り立ちや構成規則を明らかにする」ことを目的とした言語学の一領域であるが、それがどういうことかをもう少し詳しく説明することにする。そのためには私たちが知っている単語について、その成り立ちをもう少しよく理解しなければならない。

　一つ例をあげて考えてみよう。少し前からよく目にするようになった言葉に「ぼっち」というのがある。「ぼっちキャンプ」「ぼっち鍋」「ぼっちカラオケ」など、他の単語と組み合わせて使われたり、あるいは「この年になってぼっちは辛い」のように「ぼっち」単独で用いられることもある。この「ぼっち」とは何か、考えたことがあるだろうか。

　もちろん、「ぼっち」は「ひとりぼっち」の「ぼっち」だということはすぐにわかる。では、その「ぼっち」とはそもそもどういう意味なのかと訊かれたら、ほとんどの人は返事に困るだろう。それでも大抵は「ぼっちキャンプ」や「ぼっちは辛い」という意味は理解できる。これはいったいどういうことだろう。

　「ぼっち」を理解するためには、まず「ひとりぼっち」という単語の成り立ちを理解する必要がある。「ひとりぼっち」を辞書で引いてみるとすぐにわかるのだが、「ひとりぼっち」は元々「独り法師（ひとりぼうし）」のことであったと書いてある。この「法師」が変じて「ぼっち」になったのだという。「法師」はお坊さんのことであるが、この場合は必ずしもお坊さんを指

すとは限らない。一昔前は子供のことを「坊主」と呼んだり、おとぎ話の主人公が「一寸法師」という名前であることからわかるように、「法師」は「男の子」を表すこともある。そうすると「ひとりぼっち」は「ひとりでいる子供」の意味になり、「ぼっち」は子供だということになるかもしれない。

しかし、「ぼっちキャンプ」や「ぼっち鍋」は、子供のキャンプや鍋ではないし、ましてやお坊さんのキャンプとは到底考えられない。そうすると、この「ぼっち」はなぜ私たちが今使っているような意味で使われるのだろうか。

ここで形態論が登場する。私たちは「ひとりぼっち」の意味は知っている。しかし、「ぼっち」が何であるかは知らない。何であるかは知らないが、「ひとりぼっち」を「ひとり」と「ぼっち」に分けることができることは知っている。つまり「ぼっち」は「ひとりぼっち」を構成するパーツだということを直感的に理解しているのである。「ひとりぼっち」の意味は、「ひとりで寂しくしていること、孤立していること」なので、「ひとり」と「ぼっち」を分けた場合、「ぼっち」には「寂しい状態」や「孤立状態」の意味があると考えるのである。つまり、私たちは、パーツの本来の意味は知らなくとも、単語の成り立ちはわかるので、パーツを取り出して意味を与えることができる。

ちなみに、「ひとりキャンプ」「ひとり鍋」「ひとりカラオケ」としても意味するところは変わらないように見える。しかし、「ぼっちキャンプ」「ぼっち鍋」「ぼっちカラオケ」などの表現が醸し出す哀感は表現できていないように思える。これは「ひとり」と「ひとりぼっち」の意味の違いによるものであろう。つまり、私たちは「ひとりぼっち」という単語を分解し、そのパーツを取り出し、本来そのパーツの意味ではなかったものを新たに意味として当てることによって、新たな言葉（単語）を創り出したとも言える。これが可能なのは、私たちが言葉を使う際、形態論の原理を駆使して言葉を発し、また同様に言葉を理解しているからに他ならない[1]。

1.4 言語の名づけ機能

　言語の最も重要な機能の一つに「名づけ」がある。名づけとは、この世界にあるものに名前を与えることである。大袈裟なように聞こえるかもしれないが、これは私たちが生きている世界を作り上げる行為でもある。たとえば、ある種の果物に「りんご」という名前をつける。するとそれまで「木になる実」として他のものと区別できなかったものが、その名前によって私たちの世界に存在する（少なくとも私たちはそのように認識する）ようになるのである。これは私たちが言葉によって世界を切り分けていくことを意味する。「りんご」は、「りんご」という名前を得て「みかん」や「いちじく」とは異なる存在になる。

　もちろん、この世界に存在するものがすべて固有の名前を持つわけではない。しかし、私たちは私たちの属する共同体で必要なもの、価値のあるものに名づけを行い、それらを共有する。そうやって共有したものが、先に述べた「記号」すなわち単語である。記号は、ものを表すだけとは限らない。出来事やものの性質なども名づけの対象となる。言語記号は、それが「りんご」や「学校」のような物を表せば名詞、「歩く」や「咲く」のような行為や出来事であれば動詞、「赤い」や「早い」のような性質や様態であれば形容詞といった、異なる品詞の単語になる。名づけ機能とは要するに言語記号の体系を紡ぎ出す機能である。

1.5 語彙とメンタル・レキシコン

　このようにして出来上がった単語が蓄積されて、**語彙**が出来上がる。語彙とは、単語の集合のことである。日本語の語彙といえば、日本語で現在使用されている単語の集合全体を指し、また、同時に歴史上日本語の中で使用され、すでに使われなくなった単語の集合（たとえば平安時代の語彙や江戸時代の語彙など）も含まれる。しかし、これではあまりに漠然としすぎるので、何も特定せずに日本語の語彙といえば、普通は、日本語を話す共同体の中で現在共有される単語の集合を指すと考える。

語彙は、言語共同体の中で共有されると同時に、個人個人によって知識として所有されなければならない。つまり、語彙は社会的なものであると同時に個人的なものである。共有された語彙は、一般的には辞書という形で存在する。英語や日本語のような話者の多数いる言語の場合は、多くの辞書が出版され、歴史的な語彙の記録も含め、広範囲に渡る語彙の記述と記録（語誌と呼ばれることがある）が行われている。共同体（社会）は、このように辞書という媒体で語彙を共有する。

　一方で、語彙は私たちの知識の中にも存在しなければならない。私たちがある言語の文を理解し、文を作り出すためには、そのパーツである単語を知らなければならない。単語を知っているということは、その意味と形式の結び付きを知っているだけに留まらず、かなり複雑な文法知識を理解していなければならない（この知識については後ほど触れるが、皆さんが外国語を学習する際、どれほど苦労するかを思い返してみれば、知識の複雑さは想像に難くないであろう）。このような語彙の知識は、言語話者の頭の中に入っていなければならない。そういった意味でも、語彙とは個人的なものでもある。この個人的に所有された語彙の知識を、頭の中の辞書にたとえて、メンタル・レキシコンと呼ぶ（レキシコンとは辞書のことである）。

　メンタル・レキシコンについてもう少し考えてみよう。この文章を読んでいる皆さんは、日本語をほぼ自由に読むことができると想定されるが、そうであるためには、いったい単語をいくつ知っている必要があるのだろうか。言い方を変えれば、母語話者、あるいはそれに近い言語能力を持つ人のメンタル・レキシコンには、いくつぐらいの単語が記載されているのだろうか。メンタル・レキシコンの大きさ（語数）には諸説あるが、比較的少なめに見ても6万語程度の単語が登録されていると考えられる（Pinker 1994）。

　6万語と聞いて、どう感じるだろう。多いと感じるだろうか、それとも少ないと感じるだろうか。少し大型の辞書では、見出し語が10万〜20万語ぐらいある（ちなみに、広辞苑は約25万語）。しかし、忘れてはならないのは、辞書はすでに使われなくなった古い表現も数多く含むことである。メンタル・レキシコンは、個人が現在の言語生活において必要な語彙を記録するものなので（もちろん、古典を読むことが好きな人は、多くの古語をその

中に記載しているだろうが)、そう考えれば6万語は決して少ない数ではないだろう。それどころか、TOEFLやTOEICで高得点を得るために数千語の単語の記憶に四苦八苦する経験を思い起こせば、6万語を知っていることは驚くべきことであると理解できよう。

　実は、このメンタル・レキシコンの語数には、現代言語学ではまだ解けていないミステリーが存在する。それは、人がどのようにしてそれだけの数の単語を身につけたかという問題である。6万語という数の単語を大学入学時の平均な年齢である18才で身につけているとしよう。人が言葉を発し始めるのは大体1才の誕生日を迎えるぐらいと言われているので、そこから約17年間で6万語を身につけたということになる。そうすると、平均して(平均に特に意味はないが)1年間で約3,530語、記憶したことになる。これは1日にすると、約10語である。つまり、人間は1才の誕生日から数えて17年間、1日も休まずに10個の単語を覚え続けて初めて6万語という語彙数に達するのである。しかも、この中には、好きなアイドルの名前、ゲームのキャラやさまざまな商品名などの固有名詞は含まれていない。なぜこのようなことが可能なのだろうか。

　この問いの答えはまだ見つかっていない。しかし、多くの研究者の意見が一致しているのは、人はただ入ってきた情報を記憶するだけでなく、単語を自ら作りだす能力、単語の規則性や体系性を理解し、それを用いて単語を分析する能力を持っているということである。人は、単語がどのように作られるかを知っている。そのため、その知識に基づいて、初めて聞いた単語でもどのように構成され、他の単語とどのような関係にあるかを理解できるのである。このような、単語の規則性や体系性によって、人は語彙を構成し、メンタル・レキシコンに蓄える。それが印刷物の辞書とメンタル・レキシコンの決定的な違いとなる。

　そのような規則性や体系性といったものがどのようなものであるかはまだわかっていない。それを研究し、明らかにしていくのが形態論の仕事である。形態論の目的は、言語の基本単位である単語の成り立ちや構成規則を明らかにすることであると先に述べたが、この規則や体型は、私たちが単語を理解する頭の中にまさに存在すると考えられる。したがって、形態論の研究

は、音韻規則や文法規則と同様に、単語が私たちの頭の中で作られたり、構成を理解したりするときに私たちが無意識に使っている規則や体系を明らかにすることである。

> Discussion Topic
> **動物のコミュニケーション**
> 　ある研究によると、シジュウカラは「ヘビ」や「タカ」などの、敵となる動物を表す鳴き声や「警戒しろ」や「集まれ」を表す特定の鳴き声を区別するという。さらに、シジュウカラは、たとえば、2種類の鳴き声、「ピーツピ（警戒しろ！）」と「ヂヂヂヂ（集まれ！）」をこの順番で組み合わせた時にだけ反応し、その逆の組み合わせには反応しないことから、シジュウカラの「言語」には、語順という「文法」があると考えられている（山極・鈴木 2023）。以上のことを踏まえ、シジュウカラの「言語」と人間の言語の類似点と相違点を考えなさい。その際、本章で人間の言語の特性としてあげた、①記号性、②創造性、③体系性、④生得性、⑤精神性について検討してみよう。

注

1　付け加えると、「ぼっち」が「ひとりぼっち」の代わりになるのは、「ぼっち」というパーツの特殊性によるところもある。つまり、「ぼっち」は「ひとりぼっち」の他に使われないパーツなので、単語の一部だけですぐに本体の単語を想起させることができる。「ぼっち」が他で使われるのは、少なくとも筆者の知るかぎりでは「だいだらぼっち」ぐらいである。しかし、この単語は特殊すぎてすぐには想起されないだろう。

第 2 章　語と形態素

2.1　語とは何か

　前章で、形態論の主な対象となるのは**語**（word）[1]であると述べたが、ここで、語とは一体何であるかを考えてみよう。語とは何か。この質問に、おそらく皆さんはこう答えるだろう。語は辞書に載っている項目のことです。

　たしかに辞書は語についての情報を記載したものである。しかし、辞書は誰かが書いたものなので、私の質問は、その辞書を書いた人は項目をどのように選んだのかというものに置き換わるだけである。そこで、辞書を離れて、実際に表現されたものから考えてみると、この質問には次のように答えることができるだろう。

　　　語は文を構成する意味のある単位である。

こう考えれば、文というものがあって、それを構成しているほとんどの要素、名詞、動詞、形容詞などが語であると言えるだろう。では、この見方にしたがって、次のような日本語の文とその英訳を比べながら、実際に何が語かを考えてみよう。

　　　大学を出たばかりの駆け出しの記者が練習のために書かされたような文章だった。　　　　　村上春樹（1982）『羊をめぐる冒険』より
　　　Something a rookie reporter fresh out of college might've written for practice.　　　　　A. Birnbaum 訳　*A Wild Sheep Chase*.

日本語と英語を見てすぐに気がつくのは、英語では語と語の間にスペースがあり、日本語ではそれに相当する箇所に「が」「を」「の」「に」などの助詞があるということである。助詞には明確な意味はないと考えられるので、日本語では助詞によって区切られた単位、英語ではスペースによって区切られた単位が語となりそうである。しかし、これでは両言語とも問題が起こる。日本語の方は、「出たばかり」「駆け出し」「書かされたような」「だった」が一つの単位となるが、これらは直感的に語ではないと判断される。なぜならそれぞれの表現は、「出る」と「ばかり」、「駆ける」と「出す」、「書く」「される」「ような」、「だ」と「た」にさらに分解できそうだからである。そうすると、「ばかり」や「される」、「ような」、「だ」、「た」も語ということになるが、これでよいのだろうか。また、英語の方でも問題が残る。a rookie reporter はスペースで区切られているので、3つの語ということになるが、英語が理解できる人であれば、rookie reporter は一まとまりの単位だということがわかる。これは語ではないのであろうか。また、might've は、might have が短縮されたものであるが、これは一つの有意味な単位としてよいのだろうか。先に述べた「意味のある単位」という内容はもう少し考えたほうがよさそうである。

　語の表す「意味」には、一般に2種類あると考えられている。一つは、名詞や動詞のように、指し示すものがはっきりしていて（それが具体物であれ、出来事や概念のような抽象物であれ）、実質的な内容を持つものと、「が」「の」「を」のように何を指し示すかは明確にできないが、文法上の機能を担ったり、意味を補填したりするものである。前者を**内容語**（content word）、後者を**機能語**（function word）と呼ぶ。「大学」「記者」「練習」「文章」などの名詞、「出た」「駆け出し」「書く」などの動詞は内容語である。一方、「が」「の」「に」のような助詞や「ばかり」「ため」「させられ」「ような」「だった」は文法機能を担ったり、意味をつけ加えたりする要素なので機能語である。同じことは、英語の語についても言える。something、rookie reporter、fresh、college、written、practice は内容語、a、out、of、might've、for は機能語ということになる。内容語は**実詞**とも呼ばれ、実質的（指示的）意味を表すと考えられる。一般に名詞、動詞、形容詞、副詞は内容語、助詞、助動

詞、接続詞などは機能語である。

さらに、語が**自立的**であるか、**非自立的**であるかという観点からも区別される。自立的というのは、文から取り出してもそれ自身が成り立つものである。内容語は、全て自立的である。一方、非自立的というのは、文の中で他の自立的な語に付随して現れるもので、それ自身を切り離しては用いることのできないものである。機能語は一般に非自立的である。助詞は必ず名詞に付加されて文中に現れる。また「ばかり」や「ため」、「させ」「られ」もそれだけで用いられることがないので非自立的である。

語を一言で定義するのは難しい。一つの言語では有効であると考えられる見方（たとえば、「スペースによって区切られた単位」）が、別の言語は全く有効でなかったり、ある言語ではごく当たり前の表現（上の例では「書かされたような」）が別の言語では相当するものがなかったりする。語という単位を一言で説明するのが難しいのは、その成り立ちの背景に形態論の理論が必要だからである。つまり、「書く」「される」「ような」がどのようなものであるかということが分かって初めて、それらが語であるかないかということが説明できる。しかし、一方では、理論を知らなくても、母語話者であれば、「直感的」に語であるものの判別はそれなりに可能である。したがって、見方を変えれば、形態論のやるべきことはこの母語話者の直感を説明することでもある。このような観点から、語の定義をしている記述を一つ紹介しよう。それは次のようなものである。

> **語**
> 意味と形式がペアになったもの（すなわち、音声または文字形式と意味が結びついたもの）で、ある言語において文を形成するのに用いられ、意味を表す発話の基本単位として、母語話者に直感的に認識されるもの[2]　　　　　　　　　　　（Pustejovsky and Batiukova 2019: 9）

「母語話者に直感的に認識されるもの」という説明は、語という概念が、人間の精神活動によって生まれるものであることを示している。

> **設問1**
> **内容語と機能語**
> 次の文中の語を内容語と機能語に分けなさい。
>
> I will say now, just as I said yesterday, that the price of pickles is high but the price of pickled string beans is higher.
>
> リスの尾は、冷たいトタンの上にでも眠らなければならぬときのふとんであり、また、空中をとぶときにバランスをとって墜落を軽くする道具でもある。

2.2 形態素

　前節で、語は意味を表す単位と考えたが、実はそれだけでは正確に事実を捉えていない。次のような英語と日本語の例を考えてみよう。

　　　unhappy → un-happy　　　不幸せ → 不 - 幸せ
　　　driver → drive-er　　　　運転手 → 運転 - 手

英語の unhappy、driver は自立する語であることは間違いないが、それぞれの語はさらに un-happy、drive-er のように分解することができる。分解すると、un- は「〜でない」という否定の意味、-er は「〜をする人」という意味を表すと考えられる。しかし、これらの要素は自立するという条件を満たさないので、語とは言えない。母語話者の直感としても、un- や -er のような要素は語の一部であって、それ自身は語ではないというのが大方の見方であろう。同じことは日本語の例にも言える。「不幸せ」の「不」や「運転手」の「手（しゅ）」は、そのものの意味はあるが、自立した語とは考えにくい。そこで、このような語を形成するパーツとなるものを**形態素** (morpheme) と呼ぶ。形態素は語の一部ではあるが、それ自身なんらかの意味を持つと考えられる。そこで、形態素を次のように定義する。

形態素

形態素は、意味を表す最小の語構成単位である。

これによると、un-、happy、drive、-er、「不」、「幸せ」、「運転」、「手」はすべて形態素である。先に語と考えたものはすべて形態素として捉え直すことができる。ただし、形態素の中には、自立的なものと、自立的でないものがある。un-、-er、「不」「手」はそれだけで文の中に現れることはない、非自立的な形態素である。このような形態素を**拘束形態素**（bound morpheme）という。また、happy、drive、「幸せ」「運転」は、そのまま文の中に出現するので、**自由形態素**（free morpheme）と呼ぶ。自由形態素は自立語でもある。

形態素は語を組み立てるパーツのようなものであるが、その「意味」については広くとらえる必要がある。たとえば、次のような英語の -ness、-tion、-al は、形容詞や動詞を名詞に変えるという働きをするが、その場合、名詞であること（〜であること、〜をすること）が意味であると考える。

happy	happy-ness
operate	operate-tion
refuse	refuse-al

同様に、日本語の例で、「さ」や「化」の意味を説明するのは難しいが、それぞれ「〜であること」や「〜する」といった意味を加えていると考え、これらを形態素と認定する。

美しい	美し-さ
機械	機械-化

したがって、形態素という概念を用いれば語は次のように定義される。

語
　ある言語において自立可能な一つあるいは二つ以上の形態素[3]

(Lieber 2022: 3)

自由形態素はそれ自身で自立するので、happy や「美しい」は語である。また、自由形態素と拘束形態素からなる happiness や「美しさ」は、2つ以上の形態素が結合して自立するので、それらも語ということになる。
　形態素という概念を導入すると、語には形態素に分解できるものと、それ以上形態素に分解できないものがあることがわかる。前者を**合成語**（complex word）、後者を**単純語**（simple word）という。「美しい」、happy は単純語[4]、「美しさ」、happiness は合成語である。ただし、単純語であるか合成語であるかは、形態素をどのように考えるかで変わってくるので、もう少し形態素の説明が進むまでこれ以上の説明は控えておくことにする。

2.3　品詞

　次に、語に関わる重要な概念として品詞についてまとめておこう。品詞は**文法範疇**ともいう。品詞には色々な考え方があるが、ここでは一般的な考え方を元に次のように日本語と英語の品詞をまとめておく。これ以降の各章では特に断りがない限り、このような品詞の分類を想定していると理解されたい。

英語		日本語	
名詞	dog, meeting, departure	名詞	山、桜、運動、時間、知識
動詞	walk, destroy, give, build	動詞	買う、泣く、いる、着る
助動詞	may, can, will	助動詞	せる、させる、れる、られる
形容詞	beautiful, small, hot, sick	形容詞	たのしい、赤い、ない
副詞	quickly, sometimes	副詞	そっと、ときどき
		形容動詞	元気だ、細かだ、真っ赤だ
前置詞	in, on, of, for, after, before	助詞（格助詞、接続助詞、副助詞、終助詞）	が、の、を、に、ば、と、が、のに、ので、て、は、か、な、よ、ね
疑問詞	who, what, which, why		
		連体詞	わが、この、どの、あらゆる
接続詞	and, but, however, before	接続詞	しかし、つまり
間投詞	oh, wow, well	感動詞	もしもし、ああ

> **設問 2**
>
> 次の語を形態素に分解してみよう。
>
> antianthropocentricism
> 脱人間中心主義的思考

2.4 語を作るしくみ

　次に、合成語についてさらに理解を深めよう。合成語はさまざまな形態操作によって作られるが、それには主に 2 通りのしくみがあると考えられている。一つは、元になる語の形（**語形**）を変化させるしくみと、もう一つ

は、元になる語から新たな語を作り出すしくみである。語形を変えるものとは、book から books、「書く」から「書き（ながら）」への変化のように、元の語に接辞をつけることによって語形が変わるもので、これは**屈折**あるいは**活用**と呼ばれる。もう一つの、語から語を作り出すしくみは**語形成**（word formation）と呼ばれ、語形成には、write → writer、「書く」→「書き手」のように、語根に接辞をつけることによって別の語を作り出す**派生**（derivation）と呼ばれる方法と、語と語を組み合わせて新たな語を形成する**複合**（compounding）と呼ばれる方法がある。後者は、語根と語根の組み合わせなので、接辞は用いられない。屈折、派生、複合は、形態論の議論において中心的な位置を占めるので、この３つの形態操作について理解を深めておくことが大切である。また、語形成には、派生と複合以外にも、**転換**（conversion）、**重複**（reduplication）、**短縮**（clipping）と呼ばれるしくみがある。これを図示すると次のようにまとめることができる。

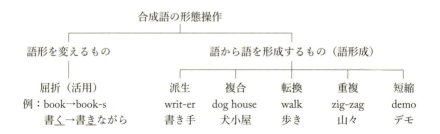

屈折（活用）、派生、複合は形態論を構成する概念としても、実際の言語現象としてもメジャーなものであるが、転換、重複、短縮は比較的マイナーな語形成である。しかし、言語によって、主要なものとそうでないものには差があり、たとえば、重複は、日本語では英語よりもずっと生産性の高い、つまりメジャーな語形成方法である。

　次に、これらの形態操作について簡単に説明を加えておこう。より詳しい説明は、第４章以降で行うので、以下は本格的な説明に入る前の準備段階として理解してもらえばよい。

派生

　派生は、自立語から別の自立語を作るプロセスであり、英語でも日本語でも造語力が強い。造語力が強いというのは、多様な語を作ることができることを意味する。

　前節で、形態素には自由形態素と拘束形態素の2種類があることを述べ、次のような合成語は、それぞれが自由形態素と拘束形態素の組み合わせであると説明した。

　　unhappy　　un-happy　　　不幸せ　　　不 - 幸せ
　　driver　　　drive-er　　　運転手　　　運転 - 手

語形成の規則性や体系性という観点から、形態素には、自由形態素と拘束形態素という分け方に加え、さらに別の分け方がある。合成語を形成する束縛形態素は、**接辞**（affix）と呼ばれる。そして、合成語から接辞をすべて取り払って残った中心部分を**語根**（root）という。以下の例で接辞と語根を示しておこう。

　　接辞　　語根　　接辞　　　接辞　　語根　　接辞

語根は、語（合成語）からすべての接辞を取り除いた、それ以上分解できない語の中核として語彙的意味を表す形態素である。語彙的意味というのは、語が単独で指し示す事物や性質など、語の実質的内容を指す。一方、接辞は、非自立的要素として語根に付加され、補助的な意味あるいは文法的な機能を合成語に付与する形態素である。語根や接辞という概念は（同様に自由形態素／拘束形態素という概念も）、実はそれほど明確に分けられないこともある。この点は、第4章で詳しく議論する。

複合

複合は、自立語と自立語を組み合わせて新たに語を作るしくみである。この場合は、2つの自立語が語根となる。

[towel] Noun　[rack] Noun　→　[towel rack] Noun
[犬] 名詞　[小屋] 名詞　→　[犬小屋] 名詞

複合の場合は、自立した語根が組み合わさるわけであるから、接頭辞や接尾辞という要素はない。ただし、どちらかの語根が複合語の中でより中心的な要素であることが多い。上例の「犬小屋」では、「犬」が「小屋」を修飾しているので、意味の中心は「小屋」が担うと考えられる（「犬の小屋」であって、「小屋の犬」ではない）。英語の towel rack という例についても同じことが言える。この点は、第7章で詳しく説明する。

転換

転換は語根の品詞を別の品詞に変える語形成の方法である。世界には転換が多く見られる言語とそうでない言語があるが、英語は転換による語形成が盛んで、特に名詞や形容詞を動詞に転換することが多い。日本語では、完全な意味での転換はほとんど見られない。具体的な例を以下にあげる。

[book] Noun　→　[book] Verb　（予約する）
[kick] Verb　→　[kick] Noun　（蹴り）
[cool] Adjective　→　[cool] Verb　（冷える）
[蹴り] 動詞　→　[蹴り] 名詞
[見張り] 動詞　→　[見張り] 名詞

日本語の「蹴り」や「見張り」は動詞の連用形と呼ばれる語形である。日本語では「蹴る」や「見張る」がそのまま名詞に転換することはない。

重複

　重複は、同じ語根を繰り返すことによって新たな語を形成する方法である。英語には完全に同じ語根を繰り返す重複はほとんど見られず、語根の一部が変化することが多い。英語に重複が少なく、あっても比較的周辺的な語に限られているのに対し、日本語では、重複語は多く見られる。特に、擬態語や擬音語と呼ばれる語は重複によって形成される。重複語は**畳語**（じょうご）とも呼ばれる。以下が、英語の重複語と日本語の重複語の例である。

　　hanky-panky, hocus-pocus, Humpty Dumpty, itty-bitty（itsy-bitsy）,
　　helter-skelter, tick-tack, zig-zag

　　［やま］名詞　→　［やまやま］名詞　（山々）
　　［高い］形容詞　→　［たかだか］形容詞　（高々）
　　　　　　　　　　　［トントン］擬音語
　　　　　　　　　　　［ゴツゴツ］擬態語

英語は、同じ語根を繰り返す重複を避ける傾向があり、語根の最初の子音を入れ替えたり（hanky-panky, hocus-pocus）、母音を交替させたりする（tick-tack, zig-zag）。これに対して日本語は、同じ語根を繰り返すような、完全な重複が多く見られる。「たかだか」で、後要素の「たか」が「だか」に変わっているのは、**連濁**といわれる音韻変化である。形態素としては語根がそのまま繰り返されたと考えられる。

屈折

　屈折は、名詞、動詞、形容詞などの語が、文中で文法規則に応じてその形を変えることをいう。屈折は厳密に言えば、語を形成するプロセスでなくて、同じ語の語形が変化するプロセスと考えられている。その点で先に述べた語形成とは異なる。英語の屈折は、他のヨーロッパ言語に比べかなり単純化されているが、たとえば名詞の数（すう）は、book-books、child-children のように、-s や -ren という接辞によって単数と複数の区別が表現される。この場

合、数は文法的な概念と考えられるので、-s や -ren は屈折語尾ということになる。同様に、happy-happier-happiest という語形の変化も屈折によるものと考えられる。動詞の場合は、もう少し複雑で、同じ動詞が文の中で、人称、時制、アスペクトなどに応じてその語形を変化させる。

I write a letter.	人称・時制
He writes a letter.	人称・時制
He wrote a letter.	時制
He has written a letter.	アスペクト（完了相）
He is writing a letter.	アスペクト（進行相）

write という動詞は、人称、時制、アスペクト、モダリティ（助動詞との連結）という文法の要請によって、語形を変化させる。しかし、それはあくまで文の中で文法的機能を表すために語形が変わるだけで、write の意味が変わるわけではない。また、write が動詞であることも不変である。そういう点で、屈折は、品詞や意味を変える作用をする派生やその他、上で見た語形成とは異なるのである。

屈折において語形の変化しない部分を**語幹**（stem）と呼ぶ。派生語では中核となる形態素を語根といったが、屈折の場合は、語を形成するというよりは、語形を変化させるだけなので、語根と区別して語幹と呼ぶ。上の例では、write がすべての語形に対する語幹となる。詳しくは、第 10 章で説明する。

さらに、屈折の語形変化を説明する別の考え方もある。それは、**語彙素**（lexeme）と呼ばれる概念を用いた説明である。上の例で述べたように、write という動詞は、writes、wrote、written、writing とさまざまな形で現れるが、それらはすべて一つの動詞が変化したものだと考えられる。そこで、そういった具体的な語形は、共通する一つの抽象的な形態の具現化と考える。その共通する要素を語彙素という。

　語彙素は一つの形式と意味が結びついた言語記号であるが、語彙素そのものは話者の頭の中にある抽象的な存在と考えられている。語彙素は実際の文の中に現れることはない。そういった抽象物であることを示すために、語彙素は大文字で表記される。
　語彙素という概念は、屈折の語形変化を説明するためのものであるが、語彙素を単純語や合成語にも適用することができる。単純語であれば、語彙素は語根と同じになる（ただし、語彙素は具体的な形態素ではない）。語根である write は、語彙素 WRITE の一つの具現形と考えられるので、単純語ではその２つは一致していると言ってよい。しかし、合成語を考えた時に、語根と語彙素は異なるものを表す。たとえば unhappy や happiness などの合成語（派生語）は、それ自身が語彙素である。合成語は、接辞と語根に分解されるので、語根は happy である。したがって、この場合、語彙素と語根は同じではない。合成語はそれ自体語根とは異なる意味や品詞をもつので、語根の語彙素と合成語の語彙素は異なっていると考えられる。

語彙素	語彙素	語彙素
HAPPY	UNHAPPY	HAPPINESS
happy	un- happy	happi -ness
語根	接辞 語根	語根 接辞

　語彙素という概念を導入すると、これまで語形成と呼んできたものは、厳密には語彙素の形成であると言った方が正確である。そのように考えれば、派生や複合は別の品詞や別の意味の語彙素を形成するが、屈折は語彙素から語彙素を形成するのではなく、語彙素に対応する語形のバリエーションを生むということになる。屈折は、語彙素形成ではないということになる。

活用

屈折という概念は元々ヨーロッパ言語、特に動詞や名詞の語形変化が豊富だったラテン語を記述するために生まれた。そのため、ヨーロッパ言語の中でもとりわけ動詞や名詞の語形変化が簡略化されてきた英語にはあまり有用な概念ではない。日本語では、伝統的に、動詞、形容詞、形容動詞の語形変化が**活用**として捉えられ、それが屈折に相当するものと考えられる。ただし、活用語尾の中には派生接辞とみなせるものと屈折接辞とみなせるものが混在しており注意が必要である。詳しくは第 11 章で説明する。

	動詞	形容詞	形容動詞	
語幹	書く（kak）	美し	きれい	
未然	書かない	美しかろう	きれいだろう	
連用	書きながら	美しくなる	きれいである	きれいになる
終止	書く	美しい	きれいだ	
連体	書くとき	美しい景色	きれいな景色	
仮定	書けば	美しければ	きれいなら	
命令	書け			

2.5　形態素のまとめ

この章では、形態論の基本概念をいくつも導入したので、最後に全体の用語をまとめておく。

内容語　指示する対象が実質的意味を持つ。
機能語　実質的意味は少ないかゼロ。その代わり文法機能を担う。
単純語　それ以上パーツに分けることのできない語。1 つの自由形態素から成る。
合成語　形態素に分解できる語。拘束形態素と自由形態素、あるいは 2 つ以上の自由形態素から成る。
形態素　形態素は、語を形成する最小の意味のある言語単位である。

語根 語（合成語）からすべての接辞を取り除いた、それ以上分解できない語の中核

接辞 語根につく非自立的形態素

語彙素 一連の異なる語形として実現される元になる要素

> **設問 3**
>
> 次の語がどのような語形成のプロセスを経て形成されたかを明らかにして、形態素の種類（語根、接辞、語幹）を示しなさい。
>
> reheatable　　reheatability　　impurity　　　　unspoken
> interesting　　non-smoker　　　overcompensation　unrepresentative

注

1　第1章では、「単語」と「語」をあまり区別せずに使ったが、この章以降は「語」という用語に統一する。一般には「単語」という表現が使われるが、形態論の用語としては「語」のようが広く受け入れられているからである。また、「言葉」という表現は、「語」の意味にも「言語」の意味にも用いられるあいまいさを含んでいる点に注意が必要である。

2 原文は次の通り。A "meaning-form" pairing (i.e., association of an acoustic or graphical form and meaning) used in forming a sentence in a language and intuitively recognized by native speakers as the basic unit of meaningful speech.
3 原文 one or more morphemes that can stand alone in a language
4 後で述べるように「美しい」は、「い」が活用語尾として「美し‐い」と形態素に分けることができる。

第3章　英語の語彙、日本語の語彙

3.1　語彙とは何か

　語と**語彙**（lexicon）とは異なる概念である。語彙とは、ある言語における語（単語）の集合のことである。単独の語を語彙とは言わない。しかし、「語彙」は「語彙的」という修飾語になると、「統語的」や「文法的」と対立して「語に関する」とか「語が本来持っている」という意味に使われる。したがって「語彙的意味」は「語の本来表す意味」を指し、「語彙項目」は「語に関する情報の一覧」といった意味になる。ここでは、語の集合全体を指す意味での「語彙」について考えていく。

　語彙は、言語がたどってきた歴史である。どの言語にもそれとともに生きてきた人々の歴史と同じ長さの歴史があり、それは人類が誕生した数百万年前まで遡る歴史である。しかし、そうはいっても、言語の歴史を確実に辿ることができるのはせいぜい数千年前までぐらいであり（人類最古の文字と言われる、古代オリエントで使用された楔形文字が成立したのは、紀元前3500年ごろのことである）、それよりも前の歴史は文字に記された記録が何もないので想像や推定の域を出ない。

　英語と日本語の歴史も何千年と続く流れの中にあるはずだが、確実な資料を元に、英語という言語が成立したと言えるのは5世紀ごろ（実際の資料は8世紀ごろ）、日本語も大体同じころなので、両言語ともおよそ1500年ほどの歴史は遡ることができる。この章では、英語と日本語の歴史を概観し、その間、語彙がどのように形成されてきたかを見てみよう。語彙の成立に歴史的な考察が必要な理由は、どの言語の語彙も古い時代の語彙から新し

い時代の語彙までが、あたかも地層のように蓄積されているからである。

3.2　英語の語彙

3.2.1　英語の歴史

　英語の歴史は、5世紀ごろにヨーロッパ大陸からゲルマン人の一派であるアングロ人、サクソン人、ジュート人がブリテン島に移住してきたことに始まるとされている（図の①）。それ以前のブリテン島には、同じく大陸から移り住んだケルト人がいたが、1世紀ごろからローマ帝国によって支配されていた。ローマ帝国の支配がなくなると、アングロ人、サクソン人、ジュート人が侵入してきて王国を建てた。そのため、ケルト人はアイルランド、スコットランド、ウェールズなどブリテン島の周辺部に追いやられることになった。このブリテン島の新たな住人となった民族が話す言語が英語（古英語）である。

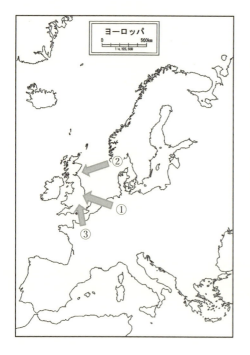

　8世紀になると、スカンジナビア半島や現在のデンマークから別のゲルマン民族が移動を始め、ブリテン島に住むようになる（図②）。彼らはデーン人と呼ばれたが、デーン人たちはブリテン島の東側を領土として支配した。デーン人の言語は、アングロ・サクソン人の言語と同じゲルマン語で古ノルド語と呼ばれる。この支配によってブリテン島には11世紀ごろまで、古英語と古ノルド語が共存した。

　1066年に、イギリス国王の

死によって王位継承の争いが起こり、ノルマンディー公国の王がイギリスの国王となった。これをノルマン征服という（図③）。ノルマンディー公国は、今のフランスの北部にあるが、王をはじめイギリスにやってきた家臣たちはフランス語しか話せなかったため、フランス語がイギリスの公用語となった。イギリス貴族は滅ぼされるか追放されたので、この時期のイギリスは、国の上層部ではフランス語、中層部から下では英語が使われた。時代的には、中世（1100–1500）と呼ばれる時代なので、この頃の英語を中英語という。

フランス語が支配的であった時代は、14世紀初頭まで続くが、フランス貴族たちも世代を経てイギリスに同化し、また、フランスとの間に戦争が起こったことも一因となって、再び英語が地位を取り戻した。そのため、1362年には、議会開会宣言が英語で出されるなどした。この時期の中英語の特徴は、なんといってもフランス語との接触による語彙の流入にある。この時代、多くの語彙がフランス語から英語の語彙に入った。中にはラテン語を起源とするものがフランス語経由で入ったものも多い。

16世紀に入ると中世が終わり、ルネサンスを経て近代へと時代が進んだ。この頃の英語は近代英語と呼ばれる。近代英語の初期の姿は、シェイクスピアの作品などに現れている。ルネッサンス期には、ラテン語で書かれたさまざまな分野の書物の英訳を通して、大量のラテン語が英語に流入した。

以上、英語の歴史を辿ると古英語、中英語、近代英語という段階に分けることができる。近代英語はさらに現代英語と区別することがあるが、一般には3つの時期に分けるのが普通である。まとめると次のようになる。

英語史の時代区分		年代
古英語（Old English）		500–1100
中英語（Middle English）		1100–1500
近代英語（Modern English）	初期近代英語	1500–1900
	後期近代英語（現代英語）	1900–

3.2.2 英語の語彙層

前節で述べたような歴史を反映して、英語の語彙には、もともとあったアングロ・サクソン系（ゲルマン系）の語彙に、ラテン語由来の語彙、スカンジナビア語系の語彙が流入してできている。それらは、たとえて言うなら、地層のように積み重なって語彙を形成している。これを**語彙層**（lexical strata）という。現代英語の語彙層は、次のように出来上がっている。

フランス語（12世紀～）
ラテン語（10世紀～）
スカンジナビア語（古ノルド語）
アングロ・サクソン語（5世紀～）

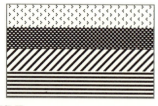

英語の語彙層

このような歴史的背景の下で、英語の語彙には、それぞれの言語から異なる時期に語が借用された。おおよその状況を古い順に見ていくと次のようになる。

古英語の時代、スカンジナビア語（古ノルド語）からの借入は限定的だった。しかし、中英語期になると、多く語彙がもたらされ、特に名詞、形容詞、動詞などの内容語だけでなく、接続詞など機能語も借入した[1]。

スカンジナビア語（古ノルド語）からの借用語
  古英語期 earl, fellow, husband, law
  中英語期 bank, egg, root, sister, skirt, window, happy, same, weak, bait, call, cast, fro, till, until, though

ラテン語からの借用は、古英語期には主にキリスト教関連の語彙が聖書などを通じて英語に入ってきた。さらに、中英語期にはフランス語を経由して入ったものの多く、学問や科学用語などは近代英語期まで流入が続いた。

ラテン語からの借用語
　　古英語期　　abbot, angel, candle, mass, offer, pope, priest
　　中英語期　　allegory, frustrate, genius, gesture, history, include, individual, legal, lunatic,
　　　　　　　　moderate, picture, polite, quiet, rational, summary, zephyr
　　近代英語期　species, radius, focus, antenna, complex, consult, desperate, licence, discretion, exaggerate, expect, industrial, scheme

次に中英語期には、ノルマン征服という政治状況も反映して、フランス語から政治、宗教、芸術、学問、軍事、商業、食事などさまざまな分野で多くの語彙が取り入れられた。

フランス語からの借用語
　　中英語期　　administer, govern, parliament, reign, state, faith, mercy, theology, arrest, evidence, judge, justice, art, grammar, logic, medicine, music, army, battle, navy, soldier, bargain, money, price, beef, dinner, pork, spice, age, choice, gentle, language, marriage, reason, universal

最後に、ほとんどは地名などに限られるが、ブリテン島の先住民であるケルト人の言語から英語に入ったものもある。

ケルト語からの借用語
　　古英語期　　London, Thames, Kent, Avon, Dover, York

3.2.3　アングロ・サクソン系語彙とラテン系語彙の共存

　英語の歴史を踏まえると現代英語には、アングロ・サクソン系の語彙とラテン系の語彙が同じ意味を持ち共存しているものが多い。一般に同じ意味の語が2つあるときは、どちらかが消えてしまうのが普通だが、共存してい

るという事実は、それらが完全に同じ意味（あるいは用法）を持つものではないことを示している。下の一覧にあるのはそのような例の一部であるが、2つの系統の語彙がどのように違うかを考えてみよう。

アングロ・サクソン系	ラテン系
alive	animate
anger	rage
answer	response
ask	inquire
before	prior
begin	commence
big, great	large, grand
birthday	anniversary
bloom	flower
bug	insect
cat	feline
child, baby, kid	infant
come	arrive
give	provide

アングロ・サクソン系	ラテン系
dog, hound	canine
land	terrain
end	finish
eat	dine
feeling	sensation
help	assist
holy	sacred
kind	sort
leader	chief
see	perceive
sight	vision
pig	pork
wild	savage
woman	feminine

　アングロ・サクソン系の語彙とラテン系の語彙の使い分けについて、西川（2021: 14）は次のような例をあげて説明している。西川によると、「父親の」という意味を表す paternal と fatherly は、次のような文の中では使い分けが行われると述べている。それぞれの文の空所にどちらの語が入るか考えてみよう。

　　a. The judge's decision restricted Tom's _____ rights.
　　b. George gave Kim a _____ smile and then went back to reading.

答えは、（a）には paternal、（b）には fatherly が入る。その逆はない。なぜ同じ意味の語にこのような使い分けがあるかといえば、西川によると、語

源に関係しているという。paternal は、元々 pater（父親）というラテン語からきており、これに同じくラテン語系の接尾辞 -al がついたものである。一方、fatherly は、father というアングロ・サクソン語系の語に同じアングロ・サクソン語系の接尾辞 -ly がついて形容詞になったものである。paternal は、法律用語などで使うような堅苦しい響きを持っている。一方、fatherly は日常生活で使う表現となっている。この違いのため、right（権利）のような語の修飾としては paternal がふさわしく、smile（笑み）のような語には fatherly がふさわしいということになる。この違いは、英語の語彙におけるラテン語系とアングロ・サクソン語系の語彙の地位の違いをよく表している。逆に言えば、同じ意味の単語でもこのような使い分けがあるために、両者が必要とされ両方とも生き残っていると言える。この状況は、日本語語彙における漢語と和語の関係によく似ている。

> **設問 1**
>
> 各グループに共通するギリシア語ないしラテン語の要素を抽出し、その部分の意味を述べなさい。また、その要素を含む例を1つずつ見つけて書きなさい。
>
> 1. unite, unique, union, universe
> 2. monorail, monogram, monochrome
> 3. porter, portable, export
> 4. bilingual, binoculars, combine
> 5. anonymous, aphasia, asymmetric
>
> **設問 2**
>
> 次の語の語源を調べ、ゲルマン語（G）、ラテン語（L）、フランス語（F）、古ノルド語（ON）に分類しなさい。
>
> 1. give（　）　2. take（　）　3. go（　）　4. die（　）
> 5. consult（　）　6. think（　）　7. happy（　）　8. rapid（　）
> 9. fast（　）　10. red（　）　11. blue（　）　12. cousin（　）
> 13. child（　）　14. globe（　）

3.3 日本語の語彙

3.3.1 日本語の歴史

　現在私たちが使っている日本語は、いつ、どのように誕生したのだろうか。日本列島に定住した民族が使用した言語を日本語とするなら、その言語がいつ頃からどのように使われるようになったかは明らかになっていない。おそらく縄文時代、弥生時代を経て、古墳時代には日本語の原型となるべき言語があったはずだが、日本語の起源については諸説あり、確実なことはわかっていない。

　確かな証拠として、3世紀に書かれた中国の歴史書である『魏志倭人伝』に記された日本の地名、人名、官位名称などを最古の日本語と見る見方もあるが、一般には8世紀に書かれた『日本書紀』『古事記』そして『万葉集』に使われた言語を日本語の最も古いかたちとして見るのが一般的である。この時代（日本史の時代区分としては奈良時代（710-794））の日本語を古代日本語、あるいは上代日本語と呼ぶ。さらに次の時代、すなわち平安時代（794-1185）の日本語は、同じく古代日本語に含まれる見方と、上代日本語とは区別して中古日本語と呼ぶ場合がある。

　次の時代、鎌倉時代（1185-1333）、室町時代（1336-1573）と安土桃山時代（1573-1603）は、日本史の時代区分として中世と称されるが、この時代の日本語も同じく中世日本語と言われる。特に、鎌倉時代を中世前期、室町時代以降を中世後期として区別することもある。

　江戸時代（1603-1868）の日本語は、近世日本語と呼ばれる。そして、明治時代以降は近代日本語と呼ばれる。さらに、第2次世界大戦後を明治時代の日本語と区別して、現代日本語と呼ぶこともある。以上の時代区分を一覧にすると次のようなものとなる。併せて、英語の時代区分もあげておこう。

日本語の時代区分		歴史上の時代区分	英語史の時代区分
古代	上代	奈良時代（710–794）	古英語 500–1100
	中古	平安（794–1185）	
中世	中世前期	鎌倉（1185–1333）	中英語 1100–1500
	中世後期	室町（1336–1573）	
		安土桃山（1573–1603）	
近世	近世	江戸（1603–1868）	近代英語 1500–1900
近代	近代	明治〜昭和（1868–1945）	
	現代	昭和以降（戦後）	現代英語 1900–

一つ注意が必要なのは、〜時代という日本史上の時代区分は、政治的な出来事（たとえば政権の交代など）によって時代を区切っているわけだが、時代が変わったからといって急に言語が変化するわけではない。言語は政治制度の移り変わりとは無関係に常に変化を続けている。したがって、時代の変わり目が言語の変わり目ではない。しかし、そうは言っても、平安時代に書かれた『源氏物語』と鎌倉時代に書かれた『徒然草』には語彙や文法の面で明らかな違いが見られるので、その違いを捉えて古代（中古）日本語と中世日本語と言うわけである。

3.3.2 日本語の語彙層

日本語の語彙層は、元々の日本語にあった語彙（これを一般には大和言葉、あるいは和語と呼ぶ）に中国から借用された漢語、さらにいわゆる外来語と呼ばれるヨーロッパ系の借用語から成り立っている。漢語はすでに万葉集や古事記の中でも用いられているので、それ以前から用いられていたと考

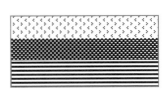

ヨーロッパからの外来語(15世紀〜)
漢語（10世紀〜）
和語（5世紀〜）

日本語の語彙層

えるのが自然である。文字として文献の中に残る日本語は漢語（漢字）に
よって表記されていた。いわゆる万葉仮名と呼ばれる表記法である。また、
外来語は中世以降はポルトガル語などが中心であるが、現代（特に戦後）は
英語からの借用が増加している。

　漢語は、中国語から日本語に借用された語彙である。しかし、日本語の語
彙の中にある漢語は、すべて中国で作られたものばかりではない。漢語が伝
来して以来日本で作られた漢語も数多くある。特に明治期にヨーロッパの文
献が翻訳されるようになると、新しい概念を表現するために日本で漢語が数
多く作られた。さらに、そういった日本製の漢語が、当時中国から来ていた
留学生などを通して、中国に逆輸入されて現代中国語の語彙の一部となっ
た。近代に作られた漢語（新漢語）については、次のようにまとめることが
できる。

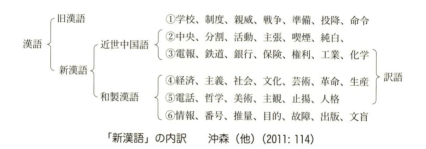

「新漢語」の内訳　　沖森（他）（2011: 114）

　上の表のうち、①「旧漢語」は、近代以前に作られた語である。②〜⑥の
「新漢語」は、近代に作られたものだが、②と③は中国で作られたもの、④
〜⑥は日本で作られたものである。そのうち③〜⑤は、ヨーロッパの言語を
漢語に訳して作られたものである。

　新漢語がどのようにして作られたかについてはいくつか研究があるが、た
とえば、明治の思想家、教育者である福澤諭吉が作った漢語として、次のよ
うなものがあるという[2]（かっこ内は原語）。

　　家庭、健康、自由（liberty）、独立、競争（competition）、演説（speech）、
　　討論（debate）、汽車、版権（copy right）[3]

3.3.3 語彙の分布

　先ほど漢語がいつ頃日本語の語彙に入ってきたかはわからないと述べたが、古代以来、漢語が日本語の語彙の中で次第に多く使用されるようになった傾向ははっきりしている。柏谷（1982）の研究によると、古代に書かれた『源氏物語』では、語彙全体に占める漢語の割合が、12.6%（1,888語）、『枕草子』では13.8%（930語）になるという。これが、時代が下がり中世では、『徒然草』が29.8%（1,380語）、『曽我物語』では42.2%（3,833語）に増加する傾向が見られる。この傾向は近世においても同様で、『曾根崎心中』21.1%、『日本永代蔵』34.9%という割合になる。もちろん、ジャンルや文体により和語と漢語の比重は変わるので一概に言うことはできないが、全体的な傾向としては確かに増加しているとは言えるだろう。さらに、このことは、現代語の語種の割合を見ても言えそうである。石井（2019）の調査によると、和語、漢語、外来語の語種のうち、もっとも使用される割合の大きいものは漢語である。それは次に示す国語辞典の語種の分析結果から明らかである。

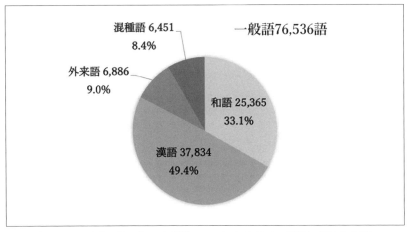

『新選国語辞典　第9版』小学館（2011）における一般語の異なり語数
（「一般語」とは、固有名詞や慣用句を除いた語彙）

> **Discussion Topic**
>
> 日本語の語彙には、語種が異なるがほぼ同じ意味を表す語がある。
>
> 例
>
> | 和語 | 漢語 |
> |---|---|
> | 山登り（和語） | 登山（漢語） |
> | 申し込み（和語） | 申請（漢語） |
> | 庭（和語） | ガーデン（外来語） |
> | ご飯（漢語） | ライス（外来語） |
>
> 同じ意味を表す語を同義語というが、これらの例はまったくの同義語と言えるだろうか。あるいは何かしらの使い分けはあるだろうか。他にも同じような例を探して議論してみよう。

注
1 以下の借入語の例は、西光（1997）を参考にした。
2 山内慶太「言葉は思考の土台　福澤諭吉が広めた日本語」家庭画報.com 2024年7月30日収集
https://www.kateigaho.com/migaku/88369/ 最終閲覧日
3 これらの漢語は現在中国でも用いられている。中国語の語彙としては次の通り。
家庭、健康、自由、独立、競争、演説、討論、汽車、版権

第 4 章　英語の形態素

4.1　形態素の分類

　第 2 章では語を作るパーツとして形態素という概念を導入した。形態素は次のようなものであると仮定して話を進めた。

　形態素
　形態素は、意味を表す最小の語構成単位である。

この定義の中で重要なのは「意味を表す」という部分だが、すでに指摘したように、語根となる形態素と接辞となる形態素の表す意味はやや異なる。語根が、語彙的意味（それが具体物であれ、抽象的な概念であれ、何を指すかが明確なもの）を表すのに対し、接辞は、語根の表す意味に付随的な意味を付け加えたり、文法的な機能を表したりする。さらに、接辞の意味（機能）は、接頭辞と接尾辞ではやや異なる。次の接頭辞の例を見てみよう。

　　　un-happy　　un-　　　否定
　　　re-wash　　 re-　　　 再び〜する
　　　de-louse　　de-　　　 除去

接頭辞は、語根に補助的な意味を付け足すことが多い。上記の例では、接頭辞だけでは意味は不完全であるが、語根の意味と合成されて初めて意味を成す。一方、接尾辞は、意味を付け足すというよりも、品詞を変えるという機

能が中心である。接尾辞の中には、下の例にあるように、-er や -able のように意味が比較的明確なものもあるが、-ment や -ive のように品詞を変えることが主であるものが多い。そのような場合は、個々の意味について具体的にどういうものであるかを示すことが難しいこともある。

driv-er	-er	～をする人、その行為に関わる道具
wash-able	-able	～ができる
amuse-ment	-ment	～であること
impress-ive	-ive	～という性質をもつ
pur-ify	-ify	～化する

つまり、形態素の意味と言っても、語根と接辞では異なり、また、接頭辞と接尾辞でも異なる傾向を示す。

また、形態素の重要な分類基準として、それが自立的であるか否かということも述べた。自立的なものは自由形態素と呼ばれ、一般には語根となる。非自立的なものは拘束形態素と呼ばれ、一般には接辞となる。

実質的な意味内容があるかないか、あるいは自立的に用いられるか用いられないか、という2つの基準を想定して分類すると、形態素は次のように分けることができる。

	実質的意味がある	実質的意味がない（薄い）
自立的	語根（自由形態素）	
非自立的		接辞（拘束形態素）

この分類では、意味の有無と自立性の有無が一致しているので、形態素は語根と接辞の2種類に分類されることになる。しかし、実際に語の構成や意味をよく調べてみると、このような単純な二分法は間違いであることがわかる。

第4章と第5章では、語根の中には非自立的な語根というものが存在することや、接辞には表す意味の濃度の違いや、さらには「意味を持たない形態素」というものがあるということを見ていくことにする。そうすることに

よって、語形成のパーツとしての形態素というものがより深く理解できるであろう。

4.2 英語形態素の種類

英語の語には、次に示すような単純語（語根である形態素だけから成る）と合成語（語根と接辞、2つ以上の形態素からなる）があることはすでに述べた通りである。

単純語	合成語
giraffe	opposition
fraud	intellectual
murmur	crystallize
just	prewash
pistachio	blackboard

単純語はそれ以上形態素に分解することはできないが、英語のラテン語系動詞には、形態素に分解できそうなものが多数存在する。

report（報告する）、import（輸入する）、transport（輸送する）、deport（追放する）、comport（釣り合う）、export（輸出する）

これらの動詞は一見すると re-、im-、trans-、de-、con（m）-、ex- などの接頭辞と port という語根に分解できそうである。もしそうであれば、これらは合成語ということになる。しかし、直感的にはこれらは単一の動詞であり、report が re- と port から合成されたものであるとは、少なくとも意味の面からは考えにくい。語根である port は、英語では「港」という意味が一般的だが、この語根が接辞である re- と結合して report という動詞になったと言われても納得がいかないであろう。

一方で、英語には同じ re-、im-、trans-、de-、con（m）-、ex- などが、

明らかに接頭辞とみられる合成語もある。たとえば、次のような例である。

  reopen（再び開ける）、impossible（不可能な）、transgender（トランスジェンダーの）、defrost（霜を取る）、ex-wife（元妻）

これらの語は、合成語であると言われてもそれほど違和感はない。なぜなら、語根が open、possible、gender、frost、wife などの既存の自立語であり、接辞と組み合わせた意味も予測がつくからである。re-（再び）と open（開ける）を組み合わせれば、「もう一度開ける、再開する」という意味は容易に予想でき、そしてその通りの結果になっている。このような合成の仕方を「透明性が高い」ともいう。透明性という観点から言えば、上にあげたラテン語系動詞（report、import、transport、...）は透明性が低いということになる。語根の意味と接辞の意味を足しても合成語の意味にならないからである。

 なぜこのような違いが起こるかと言えば、ラテン語系動詞の形態素は、英語の語彙の中ではもはや生きてはいない、死んだ形態素だからである。「死んだ」という意味は、ラテン語という古代の言語では語根として使われていたが、現代の英語ではすでにそれは語根として使われなくなり、語のパーツとしては取り出すことができるが、取り出したとしても、意味を持たない、いわば化石のようなものになっているということである。

 このラテン語系動詞の形態素の問題を理解するため、Lieber（2022：46）は次のような一覧表をあげて説明している。非常にわかりやすい説明なので見てみよう。一覧表の横列が接辞、縦列が語根である。その組み合わせをすべて作ってみると、中には現代英語の動詞として存在していないものがあることがわかる（*をつけたものが語彙にない動詞）。

	in-	ex-	con-	re-	trans-	de-
-port	import	export	comport	report	transport	deport
-mit	inmit*	exmit*	commit	remit	transmit	demit
-ceive	inceive*	exceive*	conceive	receive	tranceive*	deceive
-duce	induce	exduce*	conduce	reduce	transduce	deduce
-cede	incede*	exceed	concede	recede	transcede*	decede*
-fer	infer	exfer*	confer	refer	transfer	defer
-scribe	inscribe	exscribe*	conscribe	rescribe*	transcribe	describe
-gress	ingress*	exgress*	congress	regress	transgress	degress*
-sist	insist	exist	consist	resist	transist*	desist

つまり、どの組み合わせも自由にできるわけではないということである。ここにあがっている接頭辞の意味は、大体次のようなものである。

in-　　　中へ
ex-　　　外へ
con-　　一緒に
re-　　　相互、反対、後の、離れて、反復、否定
trans-　越えて、横切って
de-　　　〜から、除去、分離、下降

意味を知るとわかるが、これらは物と物の位置関係を表す表現、すなわち前置詞であったものが接頭辞化したものである。そして、語根はラテン語の動詞で、元の形と意味は次のようになる。

　ラテン語系動詞語根
　語根　　動詞形　　意味
　port　　portāre　　運ぶ
　mit　　 mittēre　　送る
　ceive　 capēre　　得る／取る

duce	ducēre	運ぶ
cede	cedēre	行く／進む
fer	fērre	運ぶ
scribe	scribēre	書く
gress	grādi	歩む／進む
sist	sistēre	立つ／置く

　語根はラテン語なので、英語の語彙には記載されない動詞である。そのため、特別な知識がない限りは、英語の母語話者であっても元のラテン語動詞がどのようなものであるかは知らない。このため、先ほど述べたように、ラテン語系動詞は、ある語根とある接辞を組み合わせてどのような意味になるかを予測することができないのである（つまり、透明性が低い）。また、語根は英語の語でないため、語根と接辞の組み合わせによって新たな語を作り出すことができない（生産性が低い）。透明性が低く、生産性が低いため、すべての組み合わせが英語の語彙に含まれる動詞となっているわけではなく、一部の組み合わせしか残っていないのである。

　つまり、ラテン語系動詞の語根と接辞は、英語の語彙としては意味がないと考えたほうがよい。そのため、このような動詞は、動詞全体が一つの形態素として、語根と接辞には分解できないという考え方がある。これが一つの見方であるが、別の考え方として、形態素は常に意味を持つという考え方を改めて、形態素の中には語から取り出しても意味が特定できないものがある、つまり無意味な形態素があると考える方法もある。本書では、後者の考え方をとりたい。その理由は次にあげる。

　ラテン語系動詞を形成する形態素の re- と port は、形態素に分けることはできるが、それらは意味を持たない。そのような「無意味な形態素」を**形式辞**（formative）と呼ぶことにする。語根は実質的な意味を持つ形態素、接辞は実質的な意味は薄いが意味や機能を表すもの、そして意味がなくなってしまって形だけ語のパーツとなっている形態素が形式辞である。re-port は 2 つの形態素に分解できるが、それらは形式辞なので意味を合成することはない。

　このように考えると「語根」という概念が少し揺らいでくる。語根は、そ

れ以上分解できない形態素という概念であった。しかし、report が形式辞に分解できるとすれば、定義上、report は語根とは呼べなくなってしまう。したがって、語根という概念からは形式辞であるものを排除する必要がある。つまり、ある語が形式辞に分解することができるとしても、形式辞が語根ではなく、その語自体が語根であると考えるのである。これでいくと、report は、re- と port という形式辞に分解できるが、それ自身が語根であると言える。これは、語根を考えるときに、語根とは、実質的な意味内容を持つものであるという見解に沿った考え方である。

　語根の定義よりも重要なのは、ラテン語系接辞の re- は、このような形式辞としての形態素以外に、接辞として現在も「生きている」形態素でもあるという点である。re- は、現代英語でも非常に多く用いられる接辞であり、動詞について「再び」という意味を表す透明性の高い（つまり、造語力の強い）語形成をもたらす。つまり、re- は、本来、動詞を形成する接辞としてラテン語の中では生きていたものが、英語の語彙の中では死んだ形態素となってしまった。しかし、それは接辞として用いられることがなくなったわけではなく、英語の語根につくようになって、生産的な語形成を行うようになったのである。この関係を捉えるためには、report が分解不可能だとするよりも、report における re- というラテン語系接辞を形態素として認めた方がよい。そう考えれば、意味的に関連する接辞 re- のつく動詞群をうまく捉え理解することができるのである。

　要するに、英語の re- 動詞には次の3種類があるということになる。一つはラテン語系動詞として、re- が形式辞と考えられるもの。それらは次のような例である。

　　形式辞 re-　　report（報告する）、refer（言及する）、reduce（減じる）、
　　　　　　　　receive（受け取る）、resist（抵抗する）、remember（思い出す）

これらの動詞は、形態素に分解はできるが、そうしたとしても意味がどのように合成されたか、特に re- が「再び」という意味（あるいはその他の意味）を持っていることはわからない。つまり形態素としては「死んでいる」ので

ある。しかし、次のような例では、生産的な接辞として機能している。

 接辞 re- reaccept（再受領する）、readmit（再び入場させる）、reopen（再開する）、reheat（再加熱する）、re-act（繰り返す）

このような例では、一貫して re- の意味が透明性を持っている。つまり、「再び〜する」という意味が明らかである。しかも、語根は自立的な動詞であるので、意味が合成的に得られる。

 注目すべきは、その中間にあると思われる例も見られるという事実である。

 中間的 re- react（反応する）、revive（よみがえる）、revisit（立ち返る）、reassure（元気づかせる）、recall（思い出す）、recover（回復する）、restore（修復する）

これらの例は、re- が「再び」という意味を持つと考えられ、語根も英語の語根と考えると意味がある程度予測できそうである。しかし、それは前にあげたような例ほど明快ではない。その主な理由は、語根が英語の語彙にないか、あるいは意味が英語の語根とずれているためである。このため、これらの語では語根と接辞の透明性が低い。これらは形式辞と接辞の中間にあると考えられる。たとえば、react（反応する）は、re- と act とからできていると考えられるが、接辞化の例であげた、re-act（再び演じる）と比較すると、意味の合成性という点でやや落ちる。他の例も、語根の動詞の表す動作を再び行うという意味ではないことに注意してほしい。

 以上、語根、接辞、形式辞、そして接辞と形式辞の中間的なものと、先に述べたことを踏まえながら、より精緻な分析を紹介した。このように考えることで、単純に語根と接辞に分類するような見方よりもより深く英語の形態素のあり方を知ることができるであろう。

設問

以下の例に含まれる形態素の de を、接辞、形式辞、中間的要素に分

け、そのように分類する理由を述べなさい。[ ]の中には、形態素を示してある。

debug	1. 害虫を駆除する。
	2. 欠陥を発見して取り除く。[DE+bug]
decline	1. 地位、健康などが下り坂になる。
	2. 下落する。[DE+clinare]
deceive	だます。欺く。[DE+capere]
decode	暗号などを解読する。[DE+code]
deport	国外に退去させる。[DE+portare]
descend	下る、降りる。(反意語：ascend)[DE+scandere]

4.3 接辞の意味

前節では、同じ形態素がその表す意味によって、接辞、形式辞、そしてその中間的要素と考えられると述べた。意味の区別は明確に線引きして考えることのできないものが多いので、接辞的傾向の強いもの、それが比較的弱いものといったように程度の差として段階的に捉えるのが良いかもしれない。

接辞の中でも、接尾辞は、kindness の -ness や criticize の -ize のように、品詞を変更するという機能を持つ一方で、実質的な意味はほとんど持たない。接頭辞は、語根の品詞を変更する機能はないが、さまざまな意味内容を付け加えることができる。しかし、語根の意味を完全に変更するというわけではなく、その付加される意味も、様態、程度、時などの副詞的要素として働くものがほとんどである。接頭辞の意味はほぼ次のように分類できる。

否定	un-, in-, dis-
程度や大きさ	over-, hyper-
位置	sub-, inter-, trans-
順序や時	pre-, post-, re-
様態	co-, counter-, mis-

これを見るとわかるが、接辞の意味は、語根の意味と違って内容というよりも機能に向いているものが多い。これはあくまで合成語の中心は語根であり、接辞は補助的な意味を付加する働きをするという原則からくるものである。

4.4　英語の形態素のまとめ

どのような意味を表すか（あるいは表さないか）という観点から形態素をまとめると、次のようになる。語根は、実質的な意味内容のある（指示的な）情報を表す。これに対して接辞は付加的、機能的な意味を表す。そして形式辞は、そのような意味を持たず、語のパーツとして現れる形態素である。これに自立的であるかどうかという要素も加えて次のようにまとめることができる。

	意味内容	自立性
語根	実質的意味を持つ	自立的
接辞	補助的、機能的意味を持つ	非自立的
形式辞	意味を持たない	非自立的

ただし、繰り返していうが、接辞と形式辞の間は明確に線引きできるものではなく、程度の差、あるいは段階的な違いとして考えるべきものである。

Discussion Topic

英語にはある音の組み合わせが特定の意味に結びついていると思われるものがある。たとえば、次の例を見てみよう。

　　　glow, gleam, glisten, glitter, glimmer, glare　　　（Anderson 2019: 24）

これらの語に共通する意味は、「光を発する」とまとめられるので、gl- という音の連続が、その意味と結びついていると考えることも可能である。では、gl- は「光を発する」という意味の形態素と言えるだろうか。（ヒント：ideophone という用語を調べてみよう。）

第5章　日本語の形態素

5.1　日本語形態素の種類

　日本語に、和語、漢語、外来語という3種の語彙層があることはすでに述べたが、それぞれ単純語（語根形態素だけ）と合成語（語根と接辞または語根の複数の形態素）がある。

	単純語	合成語
和語	山（やま） 男（おとこ） 確か 美しい	山登り 男らしい 不確か 美しさ
漢語	門 歩行 機械 確実 金属	門灯 歩行者 機械化 不確実 非金属
外来語	ゴルフ バター ブラック	ゴルフクラブ バター飴 ブラック企業

　和語の単純語は、「山（やま）」「男（おとこ）」のように平仮名で表記した語に漢字を当てるが、「やま」「おとこ」はそれ以上形態素に分解することができないので語根である。同じことは「確か」と「美しい」にも言える。ただし、「美しい」は「美し-い」と分解可能なので厳密には「美し」が語幹（語根）となる。これに対して「山-登り」は語根と語根が結びついた合成

語（複合語）、「男 - らしい」「不 - 確か」「美し - さ」は語根に接辞がついた合成語（派生語）である。次に、漢語の単純語は、「門」のような形態素が漢字一字で表記されるものと、「歩行」「機械」のように2字で表記されるものがある。「歩行」はさらに「歩」と「行」という形態素に分解できそうなので、合成語と考えることもできるが、後で述べるように、「歩行」は一つの語根と考えるのが合理的である。このような漢語形態素を語根として、「門 - 灯」、「歩行 - 者」「機械 - 化」「不 - 確実」「非 - 金属」のような合成語ができる。最後に、外来語の合成語はほとんどが複合によって作られる。上の例にあげた「ゴルフ」「バター」「ブラック」は、「ゴルフ - クラブ」「バター - 飴」「ブラック - 企業」のようにそれぞれ外来語、和語、漢語と組み合わされた複合語である。

5.2　漢字の「読み」と漢語形態素

　日本語の形態素を考えるときに問題となるのが、漢語をどのように考えるかということである。私たちは学校教育の中で、漢字には一般に「音読み」と「訓読み」があると教えられてきた。「音読み」は中国から漢字を借用した時の中国語の発音を日本式に直したもの、「訓読み」は漢字に同じ意味の和語を当てて読むことである。これによって、私たちは1つの漢字に2つの読み、すなわち発音があると思いがちである。たとえば、「心」という字は「シン」とも「こころ」とも読むことができると、私たちは普通理解している。

　　　音読み　　　心（シン）　　　心配、心理、安心、中心
　　　訓読み　　　心（こころ）　　心当たり、心移り、二心、真心

　では、形態素という観点からこの音読みと訓読みはどのように考えられるだろうか。この観点から見ると、1つの漢字に2つの読みがあるというのは正しい理解ではない。正確には、漢語形態素と和語形態素が同じ意味を介して繋がっているというべきである。つまり、それぞれ独立の「心（シン）」

という形態素と「こころ」という形態素があり、意味を共有することによって両者が結びついているのである。別の言い方をすれば、別々の語が同じ意味を表すという点で、両者は同義語の関係にあるとも言える。これは以下のように示すことができる。漢語形態素と和語形態素は、それぞれ独立した形態素である。

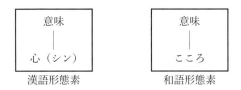

しかし、両者は意味を共有するため、意味によって結びつくことができる。その結果、次のような関係が生じる。

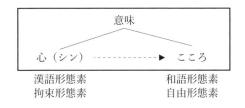

このような関係で2つの形態素が結び付けられているため、「心」という文字が、「シン」とも「こころ」とも読めると感じるのである。しかし、実際は「心」の音声は「シン」が表しているだけである。

　漢語形態素と和語形態素の大きな違いは、前者が拘束形態素（つまり非自立的である要素）であり、後者が自由形態素（自立的要素）である点である。このことは後で詳しく述べる。

　このように考えると、「訓読み」とは、正確には漢字の読み方ではないということになる。漢字の読み方を示しているわけではないので、漢語の表記と和語の表記がずれることがあり、それがいわゆる送り仮名という表記法に現れている。送り仮名というのは、漢語形態素と和語形態素の字数のずれを調整するためのものであるが、和語の形態素に意味の同じ漢語の形態素を当てるので、漢字が和語形態素の語根（語幹）と必ずしも一致しない状況が生

じる。たとえば、「柔らかい」と「柔かい」などがそれである。「やわらかい」の語幹は「やわらか」であるが、漢字は必ずしもそれに対応していない。さらに、辞書から拾える範囲でも「弱い」「軟かい」「和らかい」のバリエーションがある。これも意味を介して和語と漢語を結びつけた結果である。

　上記のような、一つの和語形態素に対して複数の漢語形態素を対応させて意味の違いを表すという方法は、漢語形態素と和語形態素が意味を介して結びつけるという日本語独特の語彙の体系化によるものであり、漢語の表現力を日本語の中に柔軟に取り込むことを可能にしている。このような例も動詞の表記にも多く見られる。たとえば、「さめる」という動詞は、「冷める」「覚める」「褪める」「醒める」という漢字を当てる。

　　スープが冷める
　　目が覚める
　　色が褪める
　　酒が醒める

「さめる」という和語動詞は「異常な状態から普通の状態に戻る」といった意味を表す（国広 1982: 129–130）。この「普通でない状態」が常温でない場合は「冷める」、眠った状態であれば「覚める」、素材の色と違う色であれば「褪める」（染めた色から元の色に戻る）、酔った状態であれば「醒める」と表記して違いを表現する。それぞれの意味は、「さめる」の意味のバリエーションと考えられるので、意味を対応させることによって和語形態素と漢語形態素が結びつくのである。

このような対応によって、少なくとも漢字で表記したときには、「さめる」

が何を表しているかを特定することができる。

　このような漢字のもつ表意性（文字が音声ではなく意味を直接表す性質）を踏まえると、漢字という文字そのものが形態素として機能しているという考え方が出てくる。ここでは、森岡（2004）の説を紹介しよう。森岡は、漢字を文字形態素として見ることを提案し、次のように述べている（森岡2004：15）。

> 西洋言語学では形態素は音素からなり、文法的あるいは辞書的な意味をもつ言語形式の最小単位であると考えているが、それなら文字も音声と同じく言語記号の能記の機能を担っているのであるから、形態素は文字素からなり、文法的あるいは辞書的な意味をもつ言語形式の最小単位であるという事実を肯定し、西洋言語学の形態論（音素に基づく形態素論）に加えて、文字に基づく形態論という部門を立てる必要がある。

具体的な例として、次のような漢字の音読み（字音）と訓読み（字訓）をあげ、「『やま』と『サン』には同一語意識が成立している。漢字形態素を使用するときは、字訓か字音のどちらかになるので、日本人には字訓と字音は同一形態素の異形態（allomorph）の関係で結ばれている（森岡2004:19）」と言う。

やま	かわ	き	みせ	いぬ	くるま
山	川	木	店	犬	車
サン	セン	モク	テン	ケン	シャ

つまり、「山」が文字形態素として意味と結びつき、「やま」と「サン」はその異形態であるという考え方である。日本語語彙における漢語の特殊性を見事に看破した卓見であるが、一つのアイディアとして紹介するにとどめたいと思う。

> **Discussion Topic 1**
>
> キラキラネームは、漢字の読み方の問題として話題になることが多い。たとえば、「大空」と書いて「すかい」と読ませるとか、「月」と書いて「るな」と読ませるというようなことである。しかし、この節で述べたような漢語形態素の性質を考えると、もう少し別の見方ができそうである。いわゆるキラキラネームが、慣習的な名前とどのように異なるのか（あるいは同じなのか）議論してみよう。その際、①のタイプと②のタイプがどのように異なるかを考えてみよう。
>
> ①　大空（すかい）、月（るな）
> ②　吐夢（とむ）、光宙（ぴかちゅう）

5.3 漢語形態素の性質

　もう少し、漢語形態素について考えてみよう。漢語形態素が和語形態素ともっとも違うところは、自立的ではないということである。先にあげた「心（シン）」という形態素はこれだけで用いられることはなく、「安心、中心、心配、心理」のように2文字の漢語に現れる。漢語形態素が「線（セン）」や「面（メン）」のように1文字語として用いられる場合もあるが、それらは多くの場合、専門語、あるいは専門語から由来した語である（本書で頻繁に出てくる「語」もそうである）。

　つまり、漢語はその非自立的であるという性質から、拘束形態素であるということになる。拘束携形態素といえば接辞であったが、漢語形態素は接辞といえるだろうか。いや、漢語がすべて接辞とは言い切れないだろう。なぜなら、前にも述べたように、接辞が表しているのは一般に付加的な意味や品詞を変更する機能だったが、ほとんどの漢語形態素は語彙的意味を表すからである。だからこそ「心（シン）」という形態素と「こころ」という形態素の対応関係が成立するわけである。つまり、「心（シン）」は「こころ」と同様に、語根であると考えるのが自然である。しかし、「心（シン）」は自立的ではないので、これまで想定してこなかった「非自立的な語根」という概念が新しく必要になる。これは正しいだろうか。

その前に、漢語形態素が形式辞である可能性も考えてみよう。非自立的な要素として、形式辞という概念を想定したが、これは漢語には当てはまらない。形式辞というのは、なんらかの理由で母語話者にとって意味のないものとなった形態素のことをいうが、漢語形態素はほとんどの場合意味がはっきりしている。したがって、漢語形態素を形式素と考えるのは的外れである。また、「登山」と「山登り」の関係からわかるように、「登山」を意味に基づいて形態素に分解することも母語話者にとっては自然である。これは「登」と「のぼる」、「山」と「やま」という漢語と和語の形態素をそれぞれ対応づけているからに他ならない。したがって、漢語は形式辞ではない。

このように考えると、漢語形態素は「非自立的な語根」として捉えるのがもっとも良いと思われる。二字漢語は、形態的には語根と語根が結合したものであるが、それは日本語の合成語でなない。なぜなら、二字漢語は、中国語の語構成規則によって作られたものだからである。「登山」や「投石」は、「山登り」「石投げ」などの和語の複合語と形態素の順番が逆になっている。これは元々の中国語の語順を反映させたものだからである。そのため、日本語としては合成語にカウントされないと見るべきであろう。

「登山」「読書」「機械」「独立」のような二字漢語形態素は、非自立的な語根からできているが、それ自体は、日本語の語彙体系の中では、合成語ではなく単純語として扱うのがよいと思われる。なぜなら、それらを語根として合成語が作られるからである。たとえば、「登山 - 家」「読書 - 週間」「機械 - 化」「独立 - 性」などは、語根と接辞、あるいは語根と語根から出来上がった合成語である。

非自立的な語根という概念は、自立的な語根と非自立的な接辞の両方の性質を併せ持つことになる。たとえば、「者（シャ）」という漢語形態素は、一方で①のような二字漢語を形成し、また一方で②のような合成語（派生）を形成する。

① 医者、患者、読者、忍者
② 歩行者、運転者、指導者、申請者

①は非自立的な語根として分析される。非自立的語根は同じく非自立的な語根と結びついて語を形成する。形成された語は、合成語ではなく単純語としてさらに派生する語の語根となる(「医者いらず」「救急患者」「読者モデル」)。これに対し、②は接辞として語根について合成語を作る(「歩行-者」「運転-者」など)。接辞ではあるが、②の「者」は「語根で表された行為をする人」という比較的明確な指示的意味を持っており、その意味で、語根と想定する①の「者」とつながっている。

最後に、漢語形態素を非自立的な語根とみなすだけでは説明しきれない二字漢語があることも指摘しておこう。それは次のような、接頭辞が含まれる例である。

　　不安、非凡、未完、無益

「不」「非」「未」「無」は接頭辞として機能する漢語形態素なので、上の例では非自立的な語根とは言いにくい。ここではやはり接辞としておくのがよいであろう。「安」「凡」「完」「益」は、それぞれ実質的な意味を持つので語根と考えてよい。つまり、上の漢語形態素は「接辞+語根」という構成になった合成語であるが、これも中国語の語形成を反映してそうなったものなので、日本語としては合成語と捉えるよりも、単純語として語彙に含まれると考えた方がよい。

設問

次にあげた、「車(しゃ)」と「車(くるま)」が用いられたデータを比較して、両者には形態素としてどのような違いがあるかを考えてみよう。

　　車(しゃ)
　　　電車、列車、馬車、新車、外車、水車、自動車、観覧車、救急車、グリーン車
　　車(くるま)
　　　糸車、風車、肩車、辻車、手押し車、荷車、歯車

また、同様に「手（しゅ）／手（て）」についてもデータを集めて考えてみよう。

5.4　英語のラテン語系形態素と日本語の漢語形態素

　先に英語の形態素の種類を述べたときに、ラテン語系形態素は、語の構成要素として認識はされるが、現代英語では母語話者でも何らかの意味を取ることはできなくなっている形式辞であるという考え方をした。この考え方は日本語の漢語形態素には当てはまらないのだろうか。結論から言えば、ここまで述べてきた通り、漢語形態素は語根であると考えるので、形式辞ではない。ラテン語系形態素との一番の違いは、意味である。漢語形態素は、和語形態素との対応関係が確立しているので、母語話者はほとんどの漢語の意味を理解することができる。これに対して、前述した通り、ラテン語系形態素は、語のパーツとして認識はされるが、それらの形態素を組み合わせて新たな語を作ることは不可能である。

　その意味で、これらは「死んだ形態素」というべきもので、「意味を持つ最小単位」という形態素の定義からすれば、逸脱した要素である。ラテン語系形態素に対しては、主に2つの考え方ができることは前章ですでに述べた通りである。一つは、これらの要素は英語の形態素ではないとする考え方で、上で述べたような形態素への分解は英語では無意味だと考える。つまり、report は re- と port に分けることはできないとする考え方である。もう一つは、形態素の定義から「意味のある」という部分を修正する考え方。つまり、意味がなくても、語（語彙素）を形成する役割を持つ形態素、すなわち形式素が存在するという考え方である。これによれば、re- と port に分けてもそれぞれの部分の意味から語彙素の意味を構築することはできないが、語根を形成する形式なパーツとしては存在すると考える。本書では、形式素という考え方を採用したが、それには次に述べるような、「意味を持たない形態素」という概念とも関係している。

5.5 意味を持たない形態素

　実は、形態素の定義に反しているにもかかわらず、「無意味な形態素」というものを認める考え方は古くからあり、それは次のような問題を解決するために必要だと考えられている。次の英語の例を見てみよう。

　　① blueberry, blackberry, strawberry
　　② cranberry, raspberry, huckleberry

これらはすべて現存する木の実の名称であるが、それぞれ形態素に分解するのは容易である。ところが、形態素に分解すると問題が起こる。①の例は、blue-berry、black-berry、straw-berry のように、英語語彙に存在する blue、black、straw が形態素として取り出せる。しかし、同じように②の例を形態素に分解すると cran-berry、rasp-berry、huckle-berry のように、これらの語以外では使われることのない無意味な形態素が出てくるのである。つまり、cranberry の cran は、その語を他の語から区別するためだけに存在し、特に意味がない形態素ということになる。さらに、よく考えてみると、strawberry の例でも、straw（わら）が strawberry の意味を構成しているかは疑わしい。要するに、合成語の中には、その語を他から区別するという機能以外には、明確な意味を持たない形態素があるということである。これを（形態素に関する）cranberry 問題という。

　cranberry 問題は、日本語の形態素にも存在する問題である。日本語の合成語の中にも、特に意味がない、あるいは、意味が不明になった形態素が存在する。宮島（1973/1997）によると、次のような例にある「ひ」や「さ」は、語源的にはともかく、少なくとも現代語では無意味に近いという点でcran と同様の無意味形態素であると述べている。

　　ひぐま、ひづめ、ひばら、ひよわい
　　さぎり、さなか、さまよう、さゆ

また、同氏は、次のような例では、「ビー」や「昆」という形態素が唯一こ れらの語にだけ用いられるという点で、cran と同じ性質を持っていると指 摘している。

　　ビー玉
　　昆虫

「ビー」はおそらく「ビードロ（ガラス）」から来たもの、「昆」はそれ自身 が虫を表す漢語なので無意味ではないが、この語以外にはほとんど現れな い。
　形態素が無意味になるというのは、形態素に元々あった意味が時間の経過 とともに薄れ、それを用いていた他の語が死に絶えたり、あるいは自立語に 対応するものがなくなったりしたため唯一性が高まった結果、現代の話者の 感覚では意味を知ることができない形態素である。これが形式辞というもの である。
　先に述べた cran や、「ひぐま」の「ひ」、さらには「ビー」や「昆」は、 語根としても接辞としても意味を持たない、形式辞ということになるが、そ れでは、それらは全く無意味なのだろうか。実は、語の「意味」の考え方の 中には、これまで考えてきたもの以外にも、もう一つ重要なものがある。そ れは、ある語が他の語と違うということを表す意味機能である。たとえば、 cranberry の例をあげると、cran がなんであるか分からないにしても、それ が特定の木の実につけられた名前であることは一目瞭然である。つまり、 cran はその名のついた木の実が、blueberry とも raspberry とも違うという分 類上の区分けを表すことができる。その意味では、他の名前の blue や rasp という形態素も同じことが言える。さらに言えば、ものや人についた名前と いうのは、一般的にそのような分類的な機能を働かせているということがで きよう。このような語のもつ機能を「名づけ機能」ということは、すでに第 1 章で述べた。名づけという観点から見れば、語の形態素はどのような意味 でも、あるいは意味がなくても良いということになる。このような意味を区 別的意味と呼ぶ（島村 2014 の「分類的機能」も参照のこと）。

区別的な意味（differential meaning）
区別的意味というのは、ある語を、同じ形態素を含む他の語根から区別するのに役立つ意味的成分である。

別の例として、次の鳥の名前を考えてみよう。

シジュウカラ（四十雀）、ゴジュウカラ、コガラ、ヤマガラ、ヒガラ

シジュウカラは、一般によく見かける野鳥であるが、実は「シジュウ」が何を意味するかはよくわかっていない（一説には鳴き声を表すとも言われている）。「ゴジュウ」「コ」「ヤマ」が表すものは大体想像がつくが、文字通りそのようなものを指しているとは考えにくい。ここにあるのは、ただ、その名前を与えられた種類が他の種類とは異なるという機能だけである。これが「区別的な意味」と呼ばれるものである。つまり、これまで考えてきたことから言えば、「シジュウ」「ゴジュウ」「コ」「ヤマ」は形式辞ということになる（その意味では、「カラ」も形式辞であると言える）が、語根自体は決して無意味にはならない。なぜならそれは区別的な意味によって、何を指し示す名であるかはっきりしているからである。

5.6 形態素のまとめ

この章で述べてきたことを一覧表にしてまとめておこう。形態素の意味の取扱いはかなり複雑なので、よく整理して理解するようにしてほしい。

形態素のまとめ

	語根	接辞	形式辞
自立	こころ ふね 山 - 登り		
非自立	登 - 山 安 - 心 医者、患者、読者、忍者 <u>ぼっち</u> - キャンプ	- 性　独立性 - 的　効率的 - 者　歩行者、指導者 ま-　まっ黒	cran-berry re-port ひとり - <u>ぼっち</u> さぎり、ビー玉、昆虫 シジュウカラ
意味	有意味 指示的／語彙的意味　　機能的／文法的意味		無意味（語源不明、希薄化） 区別的な意味
生産性	あり （繰り返し用いられる）		なし （固定またはそれに近い）

Discussion Topic 2

この章では、漢語は基本的に非自立的な語根と考えた。しかし、異なる意見もある。次の資料は、「〜界」「〜心」「〜力」が、その造語力の高さから、接辞として分析される根拠を示している。この資料に基づいて、どのように考えればよいか議論しなさい。

「〜界」

　商界 政界 女界 劇界 財界 詩界 誌界 宗教界 女學界 社交界 佛教界 繪画界 思想界 婦人界 商業界 経済界 出版界 學問界 政治界 花柳界

「〜心」

　信仰心 抵抗心 恐怖心 忠義心 卑怯心 依頼心 勇猛心 名誉心 愛国心 好奇心 奉公心 好学心 義侠心 同情心 階級心 道義心 宗教心 反省心 自尊心 愛郷心 反抗心 労働心 虚栄心 執着心 蓄財心 功名心 向上心 嫉妬心

「〜力」

　想像力 感化力 自制力 観察力 吸引力 作文力 理解力 抵抗力 注意力 記憶力 原動力 感動力 忍耐力 消化力 決断力 結合力 繁殖力 自然力 生活力

維持力 耐久力 精神力 判断力 生産力 保存力 制裁力

漢語接辞の発達【近代女性雑誌コーパス】（1894〜95（明治27〜28）年『女学雑誌』、1909（明治42）年『女学世界』、1925（大正14）年『婦人倶楽部』）による（一部省略）　　　　　　　　（沖森他 2011）

第 6 章　派生

6.1　派生接辞

　派生は、自立する語に接辞を添加することによって別の語を形成するプロセスである。すでに見たように、happy という形容詞語根に接辞をつけることで、次のような合成語を派生する。①の接辞は**接頭辞**、②の接辞は**接尾辞**と呼ばれる。

　　① un-　　[happy]$_{Adjective}$　　　　→　　　　[un-happy]$_{Adjective}$
　　② [happy]$_{Adjective}$　-ness　　　　→　　　　[happy-ness]$_{Noun}$

第 2 章でも触れた通り、接頭辞のついた合成語は、語根の品詞がそのまま保持されるが、接尾辞のついた合成語は、品詞が変わることが多い。②の場合は、形容詞の語根に -ness がついて、派生語は名詞になる。

　派生では、どのような接辞（接頭辞あるいは接尾辞）が、どのような語根と結合して、どのような合成語を作るのかということが、個々の接辞にとって重要である。そのため、派生においては接辞がつく相手を表す、**語基**（base）という概念が用いられる。たとえば、次のような例では、-ness は happy という形容詞、-ship は friend という名詞について、それぞれ happiness と friendship という名詞を派生させる。つまり、それぞれ結合相手となる語基の品詞が異なるのである。

　　　[happy]$_{Adjective}$　-ness　　→　　　[happiness]$_{Noun}$

[friend]~Noun~ -ship → [friendship]~Noun~

上の例を見ると語基は語根でもあるので、わざわざ新しい概念を導入しなくてもよさそうに見えるかもしれない。しかし、語基と語根は重要な点で異なっていることを理解しておく必要がある。

その違いを理解するために、次のような、一つの語根に接頭辞と接尾辞がついた例を考えてみよう。

un- [happy]~Adjective~ -ness

この例では、一つの語根の前後に接辞がついているように見えるが、実はそう単純ではない。それは、次の①と②を比べてみるとわかる。

① [un- happy]~Adjective~ -ness
② un- [happy -ness]~Noun~

①では、un-happy という形容詞が形成された後で -ness という接辞がついている。②では先に happi-ness という名詞が形成され、それに un- がつくという構成になっている。つまり、接頭辞と接尾辞が違う順序でつくことを表している。この2つは結果的には同じであるが、順序を問題にする必要があるのだろうか。

実は、接辞のつき方には順序を考えなければならないという理由がある。結論から言えば、①が正しく、②は間違っている。間違っているというのは、実際には起こらない順番であるということである。その理由は、接辞がつく相手の品詞が決まっているというところにある。先に見たように、-ness は形容詞につく。un- もまた形容詞につく。そして、un- は接頭辞なので、品詞を変えることがない。そのため、unhappy は形容詞である。ここまで確認すれば、①は、接辞の相手が正しく表現されていることがわかるだろう。un- は形容詞につき、-ness もまた unhappy という形容詞についている。ところが、②では、un- のつく相手が名詞になっている。これはあり得ない

組み合わせということになる。

　ここで重要なのは、「接辞の結合する相手」という概念であるが、-ness の結合相手が unhappy という形容詞だというとき、語根という概念は使えない。なぜなら、unhappy は合成語なので語根とは言えないからである。語根は「合成語から接辞をすべて取り去って、残った語の中核」という概念なので、語根は happy になる。そこで、-ness が結合する相手として unhappy という単位を別の名前で呼ぶ必要が出てくる。それが語基である。語基は、接辞の側から見た対象であるので、接辞との関係で相対的に決まる単位である。語基は、合成語を組み立てるという視点から見たときに必要な概念、語根は合成語を分解するときに必要な概念とも言える。

　もう一つ別の例を見ておこう、次の合成語も接辞化の順番が決まっている。

　　repurify
　　① [pure]$_{Adjective}$ -ify
　　② re- [pure -ify]$_{Verb}$

repurify は、形容詞の語根 pure に -ify が接辞化して purify という動詞ができる。さらに、その派生語に re- という接頭辞がついて repurify という動詞を派生する。この順番は、re- がその語基として動詞を選択するということから決まっている。というのは、もし re- が pure に先につくとすると re-pure という合成語ができることになるが、これは、re- が形容詞の語基につくことになるので、間違いである。したがって、re- が正しく接辞化するためには、①の後に②が起こる必要がある。つまり、-ify の語基として形容詞、re- の語基として動詞ということが決まっているのである。このように、派生には接辞と語基という概念が必要であることがわかる。

6.2 英語の派生接辞

　次に英語の派生接辞をあげる。派生接辞は、① どのような品詞につくか

（語基の選択）、② どのような品詞の語を作るか（出力となる合成語）ということを理解することが重要である。接頭辞は一般に品詞を変えないので、③ どのような意味を付加するかということもポイントとなる。以下の表は、英語の主な派生接辞について、以上の3点からまとめたものである[1]。

接頭辞	語基	派生語	接辞の意味	派生語の例
dis-	N	N	否定、〜を除く	disorder, disadvantage
dis-	A	A	否定	disable, dishonest
dis-	V	V	否定、動作の反転	disappear, discontinue
in-, im-, i-	A	A	否定	inaccurate, impossible, illegal
non-	N, A	N, A	否定	nonstop, nonalcoholic, nonessential
de-	N	V	〜を取り除く	defrost, delouse, deodorant
un-	A	A	否定	unlucky, unhappy, unsafe
un-	V	V	動作の反転	untie, unfold, unchain
en-	N	V	〜に入れる	encage, encircle, entrap
en-	A	V	〜である状態にする	enlarge, enrich, entame
re-	V	V	再び〜する	reheat, reread, rewash
counter-	N	N	反対の	counterargument, counterbalance
over-	A, N	A, N	〜過ぎる、過剰な〜	overcooked, overpopulation
out-	V	V	〜にまさって	outfly, outgrow, outrun
semi-	A, N	A, N	程度が不完全な	semiactive, semidarkness
super-	N	N	〜より優れた	superman, supermarket
inter-	A	A	〜間の	international, intercontinental
sub-	V	V	下の	subdivide, suburban
trans-	A	A	〜を越えて	transatlantic, transracial
pre-	A	A	前の	premature, prefinal
co-	V, N	V, N	共に	cooperate, coexist, coauthor
mis-	V	V	間違った	misunderstand, mistake, misconduct

第6章 派生 69

接尾辞	語基	派生語	接辞の意味	派生語の例
-(a)tion	V	N	動作、結果状態	examination, construction
-ment	V	N	動作、結果状態	agreement, amusement
-al	V	N	動作	refusal, arousal, disposal
-ness	A	N	性質、状態	kindness, happiness, thickness
-ity	A	N	状態	purity, diversity, complexity
-er	V	N	動作主	speaker, driver, freighter
-ee	V	N	被働者	employee, recruitee, deportee
-eer	N	N	従事者	mountaineer, engineer
-ess	N	N	女性名詞	lioness, princess
-let	N	N	小さいもの	booklet, starlet
-hood	N	N	性質、状態、時代	boyhood, childhood
-ship	N	N	職、地位、性質	governorship, citizenship
-ism	A	N	行為、結果、主義	idealism, journalism, Darwinism
-ify	N	V	〜にする、〜になる	classify, purify, testify
-en	A	V	状態にする	shorten, darken, blacken
-ize, -ise	N	V	〜化する	modernize, urbanize
-some	N	A	〜の傾向、性質のある	troublesome, handsome, wearisome
-ly	N	A	属性	godly, friendly
-less	N	A	〜がない	shoeless, careless, sugarless
-free[2]	N	A	〜が除去された	tax-free, sugar-free, carefree
-al	N	A	性質のある	intentional, national
-able	V	A	〜することができる	readable, breakable, sinkable
-ish	N	A	性質のある	childish, babyish, reddish
-ful	N	A	属性	beautiful, scornful, fearful
-ful	N	N	属性（量）	mouthful, handful, spoonful
-ly	A	Adv	様態	happily, rapidly

上例の中からいくつか注意すべきところをあげておこう。接辞の中には、

限られた語基につくものと、ある程度広い範囲の語基につくものがある。たとえば、否定の接頭辞 dis- は後者の例で、一覧表を見てもわかる通り、語基の品詞の種類は名詞、形容詞、動詞に渡っている。形容詞についた場合は、形容詞の表す状態の否定（たとえば、dishonest（不正直な））であるが、名詞につくと、語基の名詞の否定（disadvantage（不利））を意味したり、語基名詞の表すものを取り除く（dishorn（動物の角を取る））という意味になる。さらに、語基が動詞である場合は、否定だけでなく動詞の表す動作と逆の動作を表す（disappear（消える））。このように語義の種類が多いものはそれに応じて意味も多様である傾向が見られる。

　purity の -ity と kindness の -ness は、同じように形容詞の語基について名詞を派生する接尾辞であるが、語基になりうるものの範囲がかなり異なる。-ity は元々中英語期にフランス語から入ってきた接辞でラテン語源あるいはフランス語源の語基につく。

 ability activity electricity ferocity oddity possibility
 publicity simplicity

-ness はアングロ・サクソン語源の接辞で、語基の語源にかかわらず広く結合する。そのため、時には activity/activeness、oddity/oddness、ambiguity/ambiguousness のように同じ語基についたり、派生語や複合語などの合成語につくこともある³。一方 -ity は、happy、good、empty のようなゲルマン語源の語にはつくことがなく、また、beautiful や ageless のような合成語にもつかない。そのため次のような対比が生じる（*印の派生語は実際には存在しない例を表す）。

 happiness *happiity
 goodness *goodity
 emptiness *emptiity
 beautifulness *beautifulity
 agelessness *agelessity

unexpectedness　　　*unexpectedity

　さらに、以下の一覧表をみると、-ous という語尾で終わる形容詞を語基として、-ity と -ness が接辞した名詞がそれぞれ派生する場合（たとえば、various に対しては、variety と variousness の両方がある）と、-ity の方だけがない場合（glorious に対して gloriosity は存在せず、gloriousness だけが存在している）があることがわかる（Aronoff 1976: 44 より、一部省略）。

Xous	語根名詞	-ity	-ness
various	*	variety	variousness
curious	*	curiosity	curiousness
glorious	glory	*gloriosity	gloriousness
furious	fury	*furiosity	furiousness
precious	*	preciosity	preciousness
gracious	grace	*graciosity	graciousness
spacious	space	*spaciosity	spaciousness
fallacious	fallacy	*fallacity	fallaciousness

　つまり同じ語幹に対して、-ity の方が制限されているわけだが、よくみると、-ity 形の名詞が不可能なものには、必ず語根名詞があるということがわかる。gloriosity がない理由は、語根が glory という名詞として存在しているからである。このように別の語によってある形式が排除されることを阻止（blocking）という。この場合は、*gloriosity が glory という語の存在によって阻止されると考えられるのである。
　同じような意味を持つ接辞であっても、よく見てみると意味や接辞化の用法が異なっていることがわかる。たとえば、-less は、名詞の語基について「～がない」という意味の形容詞を派生する。careless（不注意な）は care がないこと、smokeless（煙の出ない）は、smoke がないことを表している。-less はそのものが一般的に持つと考えられる性質、あるいはそのものが持つべき属性が欠落していることを表す。これと同じような意味の -free とい

う接辞は、carefree（心配のない）や smoke-free（禁煙の）という語を派生させるが、両者には意味上の違いがあることが知られている。-free の方は、意図的にあるものを除去するという意味があるという（Kikuchi 2019）。なぜ意図的に除去するかというと、そうすることによってよい状況を作り出すという含意があるので、carefree は、「気に病むことがない」こと、smoke-free は、「喫煙を禁じたクリーンな環境であること」を意味する。-less の方は、hopeless や helpless は希望や援助が得られず絶望的な状況にあるという否定的な意味になるが、その場合は、-free の表す、意図的な除去によって良い状態を作るという意味とは整合しないので、hope-free や help-free はおかしな表現になる。

6.2.1 否定接辞の意味の違い

上の一覧からわかるように、接頭辞の中には同類の意味を表すものがある。特に否定を表す接頭辞は、un-、in-、dis-、non- など複数の接頭辞で表すことでできる。このような違いは、語源から来ていることが多いので、意味の違いを説明できないこともあるが、影山（1999）の見解では、これらの否定にはその程度に違いがあるという。影山の説明に沿ってそれがどのようなものかを見ておこう。

① incorrect, impossible, irregular, illegal, insipid, inert
② unhappy, unkind, unpleasant, unlucky, unacceptable
③ nonalcoholic, non-christian, nonconformist, nonessential

①にあげた in- を見ると、この接頭辞は次に続く語基の音声によって、in-、im-、ir-、i- などに変化する（次節で述べるように、これを異形態と呼ぶ。異形態は音韻的なバリエーションなので一つの形態素とみなす）。これは in- がつく語は元々ラテン語の語で、英語に語をまるごと取り込んだという経緯からそうなっている。そのため、in- と語根に分解することができないものや、あるいは単に否定を表すだけではなく意味が加わるものがある。たとえ

ば、famous「有名な」に対し infamous は単に「無名の」ということではなく、「悪名高い、恥ずべき」という意味になる。同様に、valuable に対して invaluable は「価値がない」ではなく「かけがえのない、非常に貴重な」という意味になる。したがって、in- は語の一部に溶け込んで主観的・評価的含蓄があると言える。これに対して、un- は自立的な形容詞語根に付いて、単純な反対概念を表す。また、non- はさらに独立した否定辞に近い意味を表す。そのため、un- と non- が同じ形容詞につくと、un- は主観的、non- は客観的な意味を表す。

　　He is unchristian.
　　He is non-christian.

unchristian は、キリスト教信者らしくないという意味でキリスト教徒であることの否定ではない。これに対して、non-christian はキリスト教徒であることを否定する。影山は以上のような考察を経て、次のような結論を導き出している。

設問 1

上の図でわかる通り、同じ接辞が異なる語基について異なる意味や機能を表すことがある。たとえば、un- という接頭辞は、unkind、unhappy のように形容詞語基につくと否定の意味を表すが、動詞語基につくと untie、unfold のように元の動詞の反対の動きを表す。tie「結ぶ」に対して untie は、「結ばない」ではなく「ほどく」という意味になる。un- と同じように、en- という接頭辞は、名詞の語基につく場合と形容詞の語基につく場合がある。この派生語についても意味や機能が異なるか、

例を集めて考えてみよう。

> 設問 2
> 英語の接尾辞 -er には、「〜する人」という意味以外にもいくつかの意味がある。どのようなものがあるかまとめてみよう。その上で、自分で例を探してみよう。
>
> 1. writer, skater
> 2. printer, freighter
> 3. loaner, fryer
> 4. diner, ocean liner

6.2.2 異形態

　異形態（allomorph）とは、一つの形態素が語基（語根）の音韻的な条件に応じて形を変えて現れるものをいう。たとえば、接頭辞の in- は、語基がどのような音で始まるかによって、次のような異形態となって現れる。in- は語基が母音で始まる場合、im- は語基の先頭の音が両唇音 /p/ である場合、i- は流音 /l//r/ である場合の変化形であると考えられる。in- はそれ以外の環境に出現せず、同様に im- も i- も別の環境には現れない。ということは、環境が変われば形が変わるということであり、それは一つの形態素が3つの別の形で現れる、つまり3つはすべて同じものであることを意味する。このような分布を相補分布という。相補分布の関係にあるものは、同一のものである。

　　　in-　　　inaccurate
　　　im-　　　impossible
　　　i-　　　 illegal

また同じく接尾辞の異形態としては、次のような -tion の変化形がある。

-tion	participation	participate -tion	
-ation	normalization	normalize -ation	

この場合も同一形態素の異なる語形として考えられる。

6.3 日本語の派生接辞

次に日本語の派生接辞を見てみよう。日本語にも多くの派生接辞があるが、接頭辞は一般に意味を付加するが語基の品詞を変えない。一方、接尾辞は品詞を変えるという文法的機能を主として担い、意味の変更は一部の接辞を除いてあまりはっきりしない（たとえば、「〜する人」という意味の「-者」など）。そのような違いも踏まえて、以下の通り、日本語の接頭辞と接尾辞をまとめておこう[4]。

接頭辞	語基	派生語	接辞の意味	派生語の例
不（ふ）	N, A	N, A	否定	不確か、不人気、不合格、不備
非	N, A	N, A	否定	非金属、非人間的、非運、非凡
未	N, A	N, A	否定	未発表、未完
無	N	N	否定	無意味、無責任、無給
不（ぶ）	A	A	否定	不躾、不粋
超	N, A	N, A	程度	超天才、超かわいい、超まじめ
大（おお）	N, A	N, A	程度	大雪、大真面目、大暴れ
小（こ）	A, N	A, N	程度	小賢しい、小役人、小ぎれい
ど	A, N	A, N	程度	ど素人、どぎつい、ど派手
半	N	N	程度	半年、半泣き、半透明
生	N	N	様態	生あくび、生魚
お	N, A	N, A	その他	お美しい、お金、お菓子
真	N, A	N, A	様態	真水、真新しい、真正直
生（き）	N	N	様態	生醤油、生真面目
素	N	N	様態	素足、素通り、素潜り

接尾辞	語基	派生語	接辞の意味	派生語の例
前（ぜん）	N	N	順序	前妻、前首相、前職
元	N	N	順序	元妻、元首相
か	A	A	様態	か弱い、か細い

接尾辞	語基	派生語	接辞の意味	派生語の例
しい	V	A	属性	うらやましい、喜ばしい
っぽい	N	A	属性	男っぽい、油っぽい
らしい	N	A	属性	男らしい、春らしい、学生らしい
くさい	N	A	属性	田舎くさい、古くさい、アホくさい
げ	A	A	属性	うれしげ、満足げ
そう	A	A	属性	美味しそう、元気そう
的	N	A	属性	人間的、自動的、裏話的
化	N	VN	動名詞化	機械化、電子化、自動化
たい	V	A	VP補文	見たい
やすい	V	A	VP補文	見やすい
にくい	V	A	VP補文	見にくい
方	V	N	行為	書き方
ぶり	V	N	行為	話ぶり
手（て）	V	N	動作主	話し手、聞き手、買い手、売り手
手（しゅ）	V	N	動作主	運転手、操縦手
人（にん）	V	N	動作主	勤め人、貧乏人
家（か）	V	N	動作主	登山家、勉強家、作曲家
者	V	N	動作主	労働者、申請者、操縦者
たち	N	N	複数（擬人化）	学生たち、小物たち
さ	A	N	属性	高さ、豊かさ
み	A	N	属性	甘み、深み、面白み
め	A	N	属性	高め、低め
中	VN	VN	アスペクト	運転中、旅行中、研究中
後	VN	VN	アスペクト	到着後、会議後、食後

かけ	V	N	アスペクト	書きかけ、読みかけ、崩しかけ
たて	V	N	アスペクト	入りたて、淹れたて
る	N, A	V	動詞派生	メモる、太る、テカる
まる	A	V	動詞派生	高まる、広まる、深まる
める	A	V	動詞派生	高める、広める、深める
む	A	V	動詞派生	悲しむ
めく	N	V	動詞派生	春めく、生めく、煌めく、ときめく
ぶる	N	V	動詞派生	大人ぶる、いい人ぶる

　日本語の派生接辞には、語彙層のところ（第3章）でも述べたように、和語系のものと漢語系のものがある。接頭辞には漢語系のものが多く、「不、非、未、無」などの否定を表す接頭辞や「超、半、前」などがある。和語系の接頭辞は「大、小、ど、真、元（もと）」などがある。漢語系の接頭辞は、「不 - 確か」「不 - 人気」のように自立的な語根について派生語を作る他、「不安」「不幸」「不眠」のように、「安」「幸」「眠」のような非自立的な語根について語を形成することもある。前章で述べたように、このような二字漢語は、日本語話者のメンタル・レキシコンには語根として登録されていると考えられる。

　接尾辞にも漢語系のものと和語系のものがある。和語系の接尾辞は、「しい」「っぽい」「そう」「らしい」のように形容詞の語尾変化と関連するものがある。「しい」は「美し - い」「嬉し - い」では、「形容詞の語幹＋い」と分析されるが、「うらやましい」「喜ばしい」では、動詞の語根に「しい」が接辞化したものとみなされる。このとき動詞の語根は子音で終わるので、母音 /a/ が挿入される[5]。

　　　　［うらやむ］Verb - しい　　　［urayam］Verb　（a）　-sii
　　　　［喜ぶ］Verb - しい　　　　　［yorokob］Verb　（a）　-sii

「らしい」や「そう」は、接辞として語根について、形容詞（「男らしい」）

や形容動詞（「美味しそう」）を派生するが、同じ形態素が補助動詞として用いられることもある。次のような例がそれである。

　　太郎は花子が好きらしい。
　　太郎は花子に会ったそうだ。

このような要素は、文全体に対する話し手の判断を表すものとされ、モダリティと呼ばれる。「らしい」は「太郎が花子を好きなこと」に対する話し手の推量を表している。また、「そう（だ）」は、「太郎が花子に会ったこと」を伝聞で知っていることを表している。このような要素は接辞ではなく文全体をとる要素と考えられる。

　動作を行う人（動作主）を表す接尾辞は、「手（て）、手（しゅ）、人、家、者」のように、日本語には漢語、和語を含めて非常に多く見られる。英語にも -er (driver)、-ist (violinist)、-ian (musician) のようにいくつかの種類があるが、日本語ほど豊富ではない。そのため、日本語では英語で区別しない意味の違いを表すことができる。たとえば、「運転 - 手」と「運転 - 者」は共に「運転する人」という意味であるが、前者と後者は表しているものが違う。「タクシー運転手」「バス運転手」のように、「運転手」は職業上、運転業務に就く人をいう。これに対して、「運転者」は車を運転する人であれば誰でも、運転している間は運転者である。大学教授が車を運転していれば、その人は「運転者」になるが、「運転手」ではない。「運転手」は車を降りても運転手だが、「運転者」は車を降りれば運転者ではない。

　日本語の接尾辞には、動詞を派生するものが多いことも特徴の一つである。「まる」と「める」は同じ形容詞の語根について、「高める」「高まる」、「広める」「広まる」のように他動詞と自動詞のペアを作ることができる。他動詞と自動詞のペアを形態的に表すことができるのは日本語の特徴なので、この特性をこれらの接辞も反映している。ちなみに英語には他動詞と自動詞は同型であることがほとんどである（break/break）。「めく」は自動詞を作る接尾辞であるが、その語根が何であるかを見てみると、日本語の興味深い特徴が浮かび上がる。「めく」には、たとえば次のような派生語があるが、語

根となっているものは何か考えてみよう。

　　春めく、人めく、ときめく、煌めく、どよめく

「春」「人」が名詞であることは言うまでもないが、「とき」「きら」「どよ」は何であろう。これらは、**擬音語／擬態語の語根**である。擬音語／擬態語は、後の章で述べるように、多くは重複語（畳語）として用いられる。「ときとき（ドキドキ）、きらきら、どよどよ」というのが元になった語根である。このような語は日本語の語彙には意外に多く、たとえば「光る」も元になっているのは、「ひかひか（ピカピカ）」という擬態語の語根である。

6.3.1 日本語の異形態

「真（ま）」という接頭辞は、非常に広範囲の語根と結びつきさまざまな種類の語を作る。その際、音韻的には「ま、まっ、まん」のように変異する。このような形態素の変異形を**異形態**と呼ぶことはすでに述べたとおりである。さまざまな「真」を見てみよう。

　　真
　　ま　　真北、真南、真東、真西、真新しい、真正直、真後ろ、真上、真下、真近
　　まっ　真っ黒、真っ白、真っ青、真っ赤、真っ最中、真っ正直、真っ直ぐ、真っ向
　　まん　真ん中、真ん前

これら以外にも、「真鯖、真鰯、真蛸」のように、動物の種類につくものがある。

6.3.2　漢語形態素による派生

　最後に、漢語の派生語についてもう一度考えてみよう。「船」という漢字が「船（せん）」と読まれれば、それは漢語形態素であり、自立して用いられることはないが、実質的な意味を表すので語根と考えるというのが本書の立場であった。この非自立的形態素に、意味を共有するという理由で、自立的な形態素である「ふね」が結びついているというのが日本語の語彙の特質である。「船（せん）」は、「汽船」「客船」のように、非自立的語根として二字漢語を形成することに加え、「貨物」「コンテナ」「LPG」など多彩な語根と組み合わせることができる。

　　船（せん）
　　　　汽船、客船、貨物船、コンテナ船、LPG船、ケミカル船、中古船

　このような自由度は、その形態素が生産性が高いということを示すが、これは、意味的には語根の地位を持ちながらも、形態上は生産性の高い接辞に近づいているとも言える。一方で、和語の「ふね」は、語根として組み合わされる要素が和語の語根に限られており、語形成の種類としては、次の章で詳しく述べる複合になる。

　　船（ふね）「舟」
　　　　屋形船、帆掛け船、千石船、入り船、出船、黒船、助け船、渡し船

　ある形態素を語根とみるか接辞と見るかは、形態的な特徴や意味的な機能などについて考察して決めなければならないが、必ずしもどちらに振り分けることができないという例もありうる。また、そのような単純な区分に終わらないで、事実をよく観察し、言語全体の体系まで考慮に入れて判断するところに形態論、あるいは言語学の醍醐味がある。「船（せん）」と「ふね」はそのようなことを教えてくれる好例である。

設問 3

本章で説明した「運転手」と「運転者」の違いを踏まえて、英語の動作主名詞との比較をしてみよう。英語ではどちらも driver なので、日本語の表現している意味の区別は表現できない。この日英語の違いは、次の野球用語にも現れている。次の例を比較してみよう。

    pitcher, catcher, infielder, outfielder, batter, runner
    投手、捕手、内野手、外野手、打者、走者

英語で -er という接辞がつく語を、日本語では「手」と「者」に区別している。これはなぜだろうか。

設問 4

限定されているが、日本語には英語から借り入れた外来語系の接辞がある。これらの接辞がつく例をできるだけ多く集め、どのような使い方をするかを明らかにしなさい。

    キャッシュレス、シュガーレス、ワイヤレス
    シュガーフリー、ストレスフリー
    リンスインシャンプー、チーズインバーガー

注

1 接辞とその実例は、主に Katamba（1993）を参考にした。一部変更が加えてある。
2 -free が接尾辞かあるいは複合語の主要部かは明確ではないが、ここでは接尾辞とみなす。
3 -ity が合成語につく例もないわけではない。inconsequentiality、googleability（Lieber 2022: 72）などがそれである。
4 接頭辞および接尾辞の説明は、伊藤・杉岡（2002）を参考にした。
5 この点は第 11 章で詳しく説明する。

第 7 章 複合語

7.1 複合語の特徴

　複合は、自立的な語と語を組み合わせる語形成である。たとえば、doghouse は 2 つの自立的な語根 dog と house から出来上がっている。日本語の「犬小屋」も同じである。

　　　dog - [house]_{Noun}　　[dog-house]_{Noun}
　　　犬 - [小屋]_{Noun}　　　［犬 - 小屋］_{Noun}

複合語は、2 つの語根を組み合わせているが、これは単に 2 つの語根が単純に並んでいるわけではなく、1 つの語（合成語）としてのまとまりを持っているという点をまず理解しておく必要がある。1 つの語であるという点は、英語では主に強勢（アクセント）の位置によって確かめられる。英語の名詞は、語の頭に第一強勢が置かれるが、上の例 doghouse では、dóg-hòuse のように前の語根が強く発音される。これは doghouse が一まとまりの語であることを示している。このアクセントによって、複合語かそうでないかを見分けることができる。例えば、次のような例である。

	形容詞＋名詞（＝句）		複合語	
black bird	blàck bírd	黒い鳥	bláck bìrd	クロウタドリ
green house	grèen hóuse	緑色の家	gréen hòuse	温室

右側の要素に強勢があるのは、形容詞によって修飾される名詞句であることを示している。このとき、形容詞と名詞は1つの語ではない。一方、左側の要素に強勢があるのは、2つの語根が1つの複合語であることを示している。強勢以外にも、形容詞＋名詞の方は、形容詞を very で修飾可能だが（a very black bird）、複合語の方はそれができないというような違いもある。

　なお、英語の複合語が文字に表されるとき、①語根と語根の間にスペースを空けない、②スペースを空ける、③ハイフンでつなぐ、の3通りの方法があるが、これには決まりはなく、ほとんどが慣用の問題であると言われている。Bauer et al. (2013: 55) によると、同じ語が4つの代表的な辞書で次のように異なる記載がされていたという。

	辞書A	辞書B	辞書C	辞書D
night ＋ bird	nightbird	night bird	night-bird	nightbird
night ＋ rider	nightrider	night rider	nightrider	night-rider
night ＋ walker	night-walker	nightwalker	night walker	night-walker

辞書間でも一貫性はなく、また同じ辞書内でも一貫性は見られない。このことから見ても、綴り法は複合語であるかないかには無関係と言ってよい。

　話を戻すと、日本語の複合語が1つのまとまりのある語（合成語）であることは、連濁という音韻現象から知ることができる。「犬小屋」は「いぬごや」と発音されるのが普通だと思うが、単独では「こや」と発音される「小屋」が「ごや」となるのが連濁である。連濁は一般に合成語の中で起こるので、「犬小屋」は1つのまとまった語であると考えられる。ちなみに、「犬」を「犬の」という句に変えて「犬の小屋」とすれば、複合語ではなくなるので連濁は起こらない。

　アクセントの観点から日本語の複合語を見ると、複合語には一まとまりの語としてのアクセントが付与されることがわかる。たとえば、「海外」と「旅行」は、自立語としてそれぞれ次に示すようなアクセントで発音されるが、複合語になった場合は、アクセントが変化し、一語であることを示す（影山 1999）。

かいがい　　りょこう　　→　　かいがいりょこう（海外旅行）

　語の表す意味の面から、複合語と名詞句を比べてみると、複合語の左側の語根は必ずしも元の意味を保持していないことがわかる。先にあげた英語の例では、名詞句である green house（緑色の家）では、green の意味が文字通り解釈されるが、複合語の green house（温室）は、緑色をしているとは限らないので、green の意味は保持されていない。同じことは日本語の複合語にも見られる。「甘い酒」といえば、甘い味の酒を指すが、複合語の「甘酒」は酒とは別物である。このような語根の意味の変化は、すでに**区別的な意味**として取り上げたことと関連している。複合語の左側の語根は、元の語根の意味をそのまま表すとは限らない。むしろ、その語が他の語とは異なるものを指すということを表す機能が優先する点で、cranberry や blueberry の cran や blue と同じである。その点では、blackbird（クロウタドリ）は black の意味を保持しているように見えるが、実は black bird（黒い鳥）とは異なる意味を持つと考えた方がよい。

7.2　主要部

　次に複合という語形成を理解するために重要な概念として**主要部**（head）という概念を理解しておこう。複合語は、2つの語根が組み合わされた合成語だが、その2つの語根の地位は同じではない。地位というのは、どちらがその語の中心になるか、あるいはどちらが主でどちらが従であるかということである。中心になるもの、主になるものが主要部である。たとえば、doghouse を使って主要部という概念を考えてみよう。doghouse は dog と house からできているが、doghouse 自体は house の一種である。dog の一種であるというのは奇妙である。しかし、house dog といえば、それは dog の一種であって、house ではない。これは当たり前のことのように思えるが、複合語を形成する際の重要な原則である。つまり、[X Y] という複合語において、常に Y が [X Y] という語の意味を決めていることになる。これを主要部という。

```
doghouse    [dog    house]
housedog    [house  dog]
                    主要部
```

このことを一般的な公式にすると、A is a kind of B となる。これに当てはめると複合語の主要部がわかる。そのためこの公式は、IS_A 条件と呼ばれる複合語の一般的性質とされる。

```
swordfish    A swordfish is a fish.      主要部は fish
battleship   A battleship is a ship.     主要部は ship
blackboard   A blackboard is a board.    主要部は board
```

主要部が意味の中心要素であるということと共に、主要部の品詞も主要部が決めるという点も重要である。上の例では、black や green は形容詞だが、複合語は主要部の品詞によって名詞になる。主要部とは、複合語の中心的意味と品詞を決定する要素である。英語や日本語では、主要部は常に右側にあるので、右側の要素が主要部として全体の品詞を決定することになる。これを構造的に表すと次のようになる。

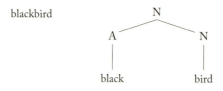

なお、構造については次章で詳しく説明するが、複合語の構造には「右側主要部の規則」という一般原則があることを見る。

7.3 複合語の分類

　複合語は独立した語と語を組み合わせて新たな語を作るという仕組みの単純さから、英語でも日本語でも非常に生産的な語形成の方法である。その生

産性の高さから辞書に載らない複合語も多い。複合語には多種多様なものがあるが、上で述べた主要部という概念から、主要部と非主要部がどのような関係にあるかによって、複合語は大きく 3 つのタイプに分類されると言われている[1]。

7.3.1 述語関係

述語関係（predicate-argument）の複合語とは、主要部が動詞を語根とする合成語であり、非主要部がその動詞と述語を構成するような要素であるものをいう。たとえば、次のような例である。

複合語	述語
truck driver	drive a truck
fast-acting	act fast[2]
pan-fried	fry in a pan
moth-eaten	eaten by moths

述語関係の複合語は、動詞から派生する合成語が主要部であることが条件となるので、主要部は主に -er、-ing、-ed などが接辞した派生語になる。他に例をあげると次のようなものがある。

moneylender, gamekeeper, shoemaker, bookseller	（名詞）
hand-written, computer-matched, hand-sewn, time-worn	（形容詞）
bear-baiting, hay-making, brick-laying, sheep-shearing	（名詞）
God-fearing, awe-inspiring, self-seeking, eye-catching	（形容詞）

このタイプの複合語は、複合語研究の中で早くから注目され多くの研究がある。そのため、呼び方も色々で、他に**従属的複合語**（subordinate compound）、**統合的複合語**（synthetic compound）とも呼ばれる。

日本語にもこのタイプの複合語がある。日本語の場合は、主要部に動詞や

形容詞が名詞化したものがくる（伊藤・杉岡 2002: 110–116）。動詞に対して主語あるいは目的語の関係にある要素が、複合語の中に取り込まれた例に以下のようなものがある。以下の a〜g では、複合語がどのような意味を表すか、その例、そして述語に直したとき主語や目的語となることを表している。

a.	行為	金魚すくい、子育て、ボール投げ	金魚をすくう
b.	現象	地滑り、崖崩れ、日暮れ	崖が崩れる
c.	動作主	相撲取り、小説書き、船乗り	相撲を取る
d.	道具	ねじ回し、霧吹き、栓抜き	ねじを回す
e.	特徴	金もち、うそつき、風呂好き	金をもつ
f.	場所	車寄せ、もの干し、船止め	車を寄せる
g.	時間	夜明け、夜更け、日暮れ	夜が明ける

このような例の他に、複合語の左側の要素が、主要部である動詞語根に対して付加詞となるものもある。以下の例では、たとえば「ペン書き」は、「ペンで書く」という述語を形成し、「ペン」は「道具」として述語に組み込まれる要素である。以下、h〜l では、様態、原因、結果状態、材料などの述語を形成する要素が複合語に組み込まれることを示している。

h.	道具	ペン書き、のり付け、水洗い	ペンで書く
i.	様態	一人歩き、若死に、早食い	一人で歩く
j.	原因	船酔い、仕事疲れ	船に酔う
k.	結果状態	黒焦げ、びしょ濡れ、薄切り	黒く焦げる
l.	材料	石造り、板張り、木彫り	石で造る

述語関係の複合語の特徴は、主要部と非主要部の関係が、動詞述語に基づいているため予測しやすいということがある。しかし、一方で、主要部に動詞語根を持つものが必ずしも述語関係の複合語になるとは限らないという事実もあり、判断に迷うこともある。「きつね狩り」は、「きつねを狩ること」

と言えるが、「鷹狩り」は「鷹を狩ること」ではなく、「鷹を使って狩りをすること」である。「鷹で狩る」とは言いにくいので、「鷹」と「狩る」の間に述語関係を想定することはできない。したがって、「鷹狩り」は「きつね狩り」とは違って、述語関係の複合語とは考えられない。

同じ理由で、次の例も名詞と動詞派生語からなる複合語だが、述語を形成しないので述語関係の複合ではない。次のような例を見てみよう。

chain-smoker, party drinker, daydreamer, spring cleaning, alcohol related

smoker は、「chain のように次々にタバコを吸う人」であって、「chain を吸う人」ではない。このような複合語は次の修飾関係の複合語になる。

7.3.2 修飾関係

主要部に対して非主要部（複合語の左側の要素）が意味を限定したり追加したりする要素、すなわち修飾語として機能しているものを**修飾関係**（head-modifier, attributive compound）の複合語という。先に述べたように、非主要部の修飾語は、元の語根の意味をそのまま保持しているとは限らず、区別的な意味を表す機能が先行する場合もある。修飾関係の複合語は、主要部に単純語も合成語もくることができる。単純語がきた場合、これを**語根複合語**（root compound）と呼ぶ。

修飾関係とはいうものの、主要部と非主要部の意味関係はさまざまである。英語の例としては次のようなものがある[3]。

語根複合語

N-N　　housewife, penknife, dressing gown, party frock, shopping list, dog bed, file cabinet, apple pie

A-N　　blackbird, happy hour, postal order, nervous system, greenhouse, fast food

P-N	overcoat, outhouse, inroad, down trend, underpass, offroad, after market	
V-N	swearword, rattlesnake, think tank	
N-A	world-weary, bird-brained, earth-shaking, water soluble, class conscious, sky blue, stone cold, bone dry	
A-A	worldly-wise, icy cold, bright pink, dark blue	
P-A	off-white, over-explicit, underripe	
P-V	offload, overlook, overfeed, underexploit, overcook	
V-V	stir-fry, slam dunk, blow dry	

次に日本語の修飾関係の複合語を見てみよう。まず和語の複合語を見よう。和語の複合語は、特に名詞と名詞の語根を組み合わせたものが多い。次にあげるのは、由本（2015）による分類である。この分類では、複合語の構成要素の品詞によって分類し、さらに数の多いN-Nタイプの複合語について、修飾要素と主要部の関係がわかるようにA～Cの4つに分類して示してある。

N-N	A. 様態・様子	石頭、イワシ雲、獅子鼻、烏口、菊皿
	B. 原料・材料	紙箱、ガラス戸、砂袋、縄ばしご、肉団子
	C. 場所／時間	脇腹、外堀、庭石、春風、夜道、夏風邪
	D. 目的	雨靴、茶道具、天ぷら鍋、ケーキ皿、荷車
A-N		青空、赤提灯、白ネギ、広小路、深情け
V-N		忘れ物、飲み物、張り紙、寄り道
A-A		浅黒い、青白い
N-A		腹黒い、欲深い
N-V		山登り、本読み、草むしり

設問 1

次の複合語を修飾、述語、並列のタイプに分けなさい。分類が難しいものについては、なぜそうなのか考えなさい。

oil burner	lighthouse	blue-eyed	house-hunting
草木染め	きつねうどん	人探し	環境問題

7.3.3 並列関係

最後に**並列関係**（coordinate compound）の複合語を見てみよう。このタイプの複合語は語根Aと語根Bが同等の資格で結びつくので、どちらかが主要部であるという概念はない。並列して結びついた要素の関係は2つに大別される。一つは、AでありかつBであるもの、すなわち一つのものの二面性を表す場合、そしてもう一つは、AとBの両方を含むものを表す場合である。

英語の並列複合語はそれほど多くはない。下の例にあるように、producer-director は、プロデューサーと監督を同一人物が兼任するという意味、doctor-patient は、doctor-patient relationship のように用いて医者と患者の間というような意味、blue-green は blue と green の2つの色を含むといった意味の並列である。

producer-director, player-manager, prince consort, worker-priest, doctor-patient
blue-green, bitter-sweet, girlfriend, boyfriend, north-west,
Urbana-Champaign, New York-Paris, Harper-Collins, Fuji-Xerox

日本語の並列複合語は、英語と比べると比較的多い。たとえば、和語の並列複合語としては、「親子」のような名詞の組み合わせ、「勝ち負け」のような動詞の名詞化をもとにしたもの、「泣き叫ぶ」のように動詞をつないだものなどがある。また、漢語の並列複合語も数多くみられ、「男女」「飲食」などのように対義的な関係にあるものと、「学習」「破壊」のように同義的な関係にあるものが見られる。また、固有名詞の連結で会社名などを表すことは、英語と同様に見られる。

和語	親子、兄弟、目鼻、月日、爺婆、白黒、勝ち負け、売り買い、上りくだり、飲み食い、泣き叫ぶ、飛び跳ねる、恐れ慄く
漢語	夫婦、男女、英米、飲食、見聞、長短、左右、上下、勝敗、強弱、紅白、強大、広大、学習、創造、破壊

　英語には、並列関係の複合語が少ないことはすでに指摘したとおりだが、その穴を埋めるように and を用いた表現がある。たとえば次のようなものである。

　　　bread and butter
　　　boys and girls
　　　up and down

これらは語ではなく句であるので、複合語とは言えないが、慣用化してくると and が短縮されて 'n となる。このようなものは、句と語の境界にあると考えてよい。

　　　bread'n butter,　boys'n girls,　up'n down

7.4　複合動詞

　さらに日本語の複合語として特筆すべきは、動詞語根と動詞語根を組み合わせた**複合動詞**が非常に豊富にあることである。複合動詞には、**語彙的複合動詞**と**統語的複合動詞**があると言われている（影山 1993）。語彙的複合動詞は、前項の動詞と後項の動詞がどのような関係にあるかによって、次のようないくつかのタイプに分けることができる（由本 2005）。

　　語彙的複合動詞
　　　①並列関係　　　　　泣き叫ぶ、忌み嫌う、恐れおののく、恋い慕う

②付帯状況・様態　這い寄る、舞い落ちる、這い上がる、飲み歩く
③手段　　　　　　切り倒す、押しつぶす、泣き落とす、言い負かす
④原因　　　　　　泣きぬれる、溺れ死ぬ、焼け死ぬ、寝静まる、
　　　　　　　　　飲みつぶれる
⑤補文構造　　　　聞き落とす、見逃す、誘いかける、鳴きかわす

統語的複合動詞は、形態的には動詞語根と動詞語根が結びついた複合語という形をとっているが、前項動詞と後項動詞の意味関係ではなく、後項動詞が文全体の表す出来事の進行状況を表していると言われている（影山 1993）。出来事の進行状況というのは、文法の概念としては、アスペクト、あるいは相と呼ばれるもので、物事の開始（始動）に焦点のあるもの、終了に焦点のあるもの、そして継続（進行）に焦点の置かれるものの3通りある。それぞれ、次のような統語的複合語によって表される。

　統語的複合動詞
　　①開始　歌い始める、動き出す、食べかける
　　②終了　払い終える、話し終わる、食べすぎる、走りぬく、登り切る
　　③継続　走り続ける、しゃべりまくる、見なれる、やりつける

語彙的複合語と統語的複合語の違いは、語彙的複合語の方は、動詞語根と動詞語根が語としてのまとまりを持つのに対し、統語的複合語は、形態上は同じように見えても、実際は一つの語ではないという点である。それがなぜわかるかというと、次のような例で、統語的複合動詞が「そうする」という代用表現で置き換えられるからである。

　　兄が走り続けているのを見て、弟もそうし続けた。　（統語的複合動詞）
　　*兄が大木を切り倒したのを見て、弟もそうし倒した。（語彙的複合動詞）

複合語は、一般に代用表現によってその一部を表現することができない。「山登り」の「山」を「それ」という代名詞に置き換えて「兄は山登りによ

く行くが、弟はそれ登りに行ったことがない」というのは奇妙である。つまり、上の対比が示しているのは、語彙的複合動詞は複合語としてのまとまりがあるのに対し、統語的複合動詞はそうではないということである。

　では、統語的複合動詞は、どのようなものなのであろうか。その構造は、統語的複合動詞が表す意味と無縁ではない。統語的複合動詞が表すアスペクトという概念は、文全体にかかるものである。「兄が走り続けた／始めた／終わった」という表現では、「兄が走ること」という文全体の表す出来事が続いた／始まった／終わったということを表している。そのことから、統語的複合動詞の「続ける／始める／終わる」は、文全体につく構造を成していると考えられる。

　　［兄が走る（ことを）］続ける／始める／終わる

このような動詞の目的語になった文のことを**補文**という。つまり、統語的複合動詞は、見かけは（形態上は）複合語のように見えるが、実際の構造上は、補文についていると考えるのである。そのため、補文部分を「そうする」で置き換えることが可能なのである。

　ちなみに英語には、複合動詞はほとんどない。英語は動詞と動詞を直接結びつけることを避ける傾向にある言語である。そのため、日本語で語彙的複合動詞で表現する出来事は、英語では様態を表す動詞を用いたり、up、down、off などの**不変化詞**を用いて表現する。

　　押し潰す　　　squash, squeeze
　　叩き潰す　　　smash, crush
　　舞い落ちる　　flutter down
　　切り倒す　　　cut down

この点は、日本語と英語の動詞語彙の重要な点になるが、詳しくはまた後で取り上げることにする。

7.5 漢語、外来語の複合語

最後に漢語および外来語の複合語について見ておこう。漢語の複合語も和語の複合語と同様に、成分となる漢語の結びつき方によっていくつかのパターンがある。

① 述語関係
環境破壊、新人研修、中国旅行、国家建設、英語学習、臓器移植、遺産相続

② 修飾関係
大学教師、契約社員、特別価格、社会構造、家族旅行、暗証番号、懲戒免職、輸入品、完成品、別料金

③ 並列関係
上下左右、大同小異、晴耕雨読

さらに語種が混在したものもある。

漢語と和語の混種
賃上げ、縁組、所得隠し
見舞金、お悔やみ電報、闇金融

外来語および他の語種との混種
東京タワー、輪ゴム、金ボタン、チケット販売、フランス料理、ガラス窓、ブラック企業、ガス器具、ファッション業界、チケット売り場
コンピュータデザイン、インターネットカフェ

> 設問 2
>
> 次の複合語を、述語関係、修飾関係、並列関係に分類しなさい。分類の根拠も説明すること。
>
> 1. 男女　　　　2. 夫妻　　　　3. カエル跳び
> 4. 海外旅行　　5. 新婚旅行　　6. 浮き沈み
> 7. 公私　　　　8. 師弟　　　　9. 雨降り
> 10. 木登り　　 11. 自然破壊　 12. 張り紙
> 13. 屋形船　　 14. 売り買い　 15. オンライン授業

注

1　以下、7.3 節の実例は、特に断らない限り、Spencer（1991）、Lieber（2022）、由本（2015）を参考にした。
2　「(薬などが) 早く効く」の意味。
3　以下の実例は主に Spencer（1991）から採った。

第 8 章　語の構造

8.1　語の構造と主要部

　前節では主要部という概念を導入して、複合語の構成を説明した。主要部とは、複合語全体が何を指すかという意味の中心であるとともに、複合語の品詞を決定するという形態上の中心でもあった。いくつかの例をもう一度みてみよう。

doghouse	[dog]_{Noun}	[house]_{Noun}
black bird	[black]_{Adjective}	[bird]_{Noun}
icy cold	[icy]_{Adjective}	[cold]_{Adjective}
world weary	[world]_{Noun}	[weary]_{Adjective}
off white	[off]_{Preposition}	[white]_{Adjective}

上の例では、右側の語根が主要部、左側の語根が非主要部（修飾部）となる。複合語は、このように語根を横に並べて表示するだけでなく、複合語全体の品詞も表して次のように書くこともできる。以下、煩雑さを避けるために品詞名は頭文字で示す。

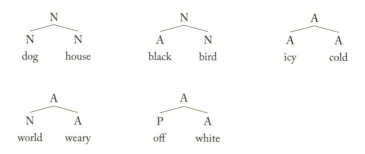

このように表示すると、複合語全体の品詞は、主要部の品詞と一致し、主要部は常に右側にあるということに気がつくだろう。これは複合語を形成する際の原則であり、複合語がさらに複雑になっても変わらない。

doghouse repair
doghouse repair shop
doghouse repair shop owner

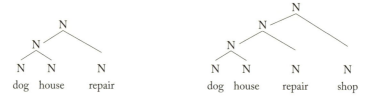

複合語において常に右側に主要部が現れるという原則は、次のように述べることができる。

右側主要部の規則 (1)
複合語の主要部はその語の右側の要素である。

これを踏まえて、次に、派生語の構造をみてみよう。派生語は語根に接辞がつく語形成であった。接辞には特に品詞があるとは想定しなかったが、主要部という概念によって派生語の構造を考えてみる。派生語は、接頭辞がつ

くものと接尾辞がつくものがあるが、それぞれ次のような構造をしていると考えられる。

接頭辞がつく unhappy の方は、右側主要部の規則に照らして、happy が主要部であり、派生語全体の意味も品詞も happy が決めていると考えてよさそうである。一方、接尾辞がつく happiness の方は、やや異なる様相を呈している。意味の上では、happy が中心であると言ってよさそうだが、複合語全体の品詞は接辞の ness が決めているということになる。そこで、接尾辞の ness は語根ではないが、品詞の指定がされていると想定して、次のように表すことにする。

こう考えることによって、品詞を決定するという形態的な主要部の役割を接辞が果たしていることを表すことができる。つまり、複合語と同じ原則が派生語にも適用するという理論的な一貫性が生まれることになる。これを組み込んで右側主要部の規則を改定すると次のようになる。

　右側主要部の規則（2）
　形態的に複雑な語（つまり複合語と派生語）の形態的主要部は、その語の右側の要素である。

ここで注意しなければならないのは、右側主要部の規則（1）において単なる「主要部」であったものが、右側主要部の規則（2）では、「形態的主要部」に変わっていることである。これは、派生語においては、意味的な主要部と形態的主要部（品詞の決定要因）が一致しないため、主要部を形態的な

機能に限定せざるを得ないことによる。

次に、語根に接頭辞と接尾辞がついた派生語の構造を見ておこう。

　　un- happy -ness

この例は、次の①あるいは②のように分析することができるが、接辞が選択する語基の制限から①が正しい分析であることを述べた（第 6 章参照）。

① [un- happy]_{Adjective}　-ness
② un-　[happy -ness]_{Noun}

これを語の構造を明示して表すと次のようになる。

これによって、語の構造がより明確に表される。

　右側主要部の規則が日本語の複合語や派生語にも適用する原則であることを確認しておこう。

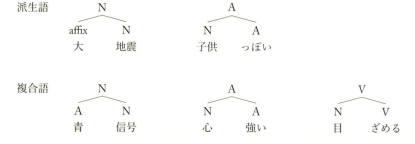

語の構造に関して、語形成の種類を超えて（複合語と派生語という異なる種類）、また、日本語と英語という言語の違いを超えて同じ一つの原則が適用するということは、大変興味深いことである。言語学者がこのような原則を

立てることによって何を説明しようとしているかというと、人間言語の普遍的な性質である。つまり、言語はどのようなものであれ、一定の共通する基盤の上に成り立っているということが説明されれば、新たな語を生み出すにしても、あるいは未知の語を理解するにしても、ある原則の下に行われていることがわかる。

設問 1

次の語の構造を示しなさい。それらの語構造において右側主要部の規則が成り立つことを確かめなさい。

civilization　　　insincerity　　　　　oversimplification
greenbelt　　　　life insurance company

8.2　内心構造と外心構造

　前節では、主要部と非主要部がどのような構造を形成するかという点を論じた。語を構成する要素が、主であるものとそうでないものから成るというのは、どちらか一方に重心ないしは中心があるということである。このような構造を**内心構造**（endocentric structure）という。内心構造とは、普通、中心部分と周辺部分から成立する同心円状の構造をいうので、主要部と非主要部の関係を次のように捉えているということである。

内心構造

　しかし、すべての複合語が主要部と非主要部に明確に分けられるわけではなく、また、合成語の中には、要素が同列で結びつくものもある。そういった

構造を**外心構造**（exocentric structure）という。複合語の中で外心構造になっているものは、たとえば次のようなものがある（Lieber 2022: 57–58）。

 外心構造の複合語（英語）
  叙述関係 scarecrow（かかし）、pickpocket（すり）、pastime（娯楽）、forget-me-not（忘れな草）、hangover（二日酔い）、standby（代替要員）、hell raiser（騒ぎを起こす人）
  修飾関係 greenback（ドル紙幣）、air head（ばか）、meat head（まぬけ）、bird brain（ばか）、hot dog（ホットドッグ）、blue blood（貴族の生まれ）

 外心構造の複合語（日本語）
  叙述関係 相撲とり、ねじ回し、手拭い、うそつき
  修飾関係 野次馬、猫舌、横綱、太っ腹

外心構造の複合語では、主要部が意味や品詞を決定するという構造にはなっていないので、語根を取り出してみても、複合語全体の意味や品詞を予測することはできない。

 ① [scare]_Verb [crow]_Noun
 ② [野次]_Noun [馬]_Noun

右側主要部の規則から予測すれば、①はカラスの一種、②は馬の一種のはずだがそうはならない。そうならない理由は、これらの複合語が全体として一つの概念を表しているからである。つまり、外心構造の複合語は、意味の作り方が内心構造の複合語とは異なることを理解しておく必要がある。

 他にも外心構造の複合語としてあげられるのは、並列関係にある複合語である。このタイプは英語には少ないが、日本語には多く見られることはすでに述べた通りである。

英語の並列複合語
　　　producer-director, doctor-patient, bitter-sweet, girlfriend, north-west

日本語の並列複合語
　　和語　　親子、兄弟、月日、白黒、勝ち負け、売り買い
　　漢語　　夫妻、男女、英米、飲食、見聞、長短、左右、上下

複合語と派生語以外では、内心構造を形成する合成語はないので、転換や重複などは、原理的にすべて外心構造である。

転換
　　[book]$_{Noun}$　　　→　　[book]$_{Verb}$　（予約する）
　　[kick]$_{Verb}$　　　→　　[kick]$_{Noun}$　（蹴り）
　　[cool]$_{Adjective}$　→　　[cool]$_{Verb}$　（冷える）
　　[蹴り]$_{動詞}$　　　→　　[蹴り]$_{名詞}$
　　[見張り]$_{動詞}$　　→　　[見張り]$_{名詞}$

重複
　　hanky-panky, hocus-pocus, Humpty Dumpty, itty-bitty (itsy-bitsy), helter-skelter,
　　tick-tack, zig-zag

　　[やま]$_{Noun}$　　　[やまやま]$_{Noun}$　　　（山々）
　　[高い]$_{Adjective}$　[たかだか]$_{Adjective}$　（高々）
　　　　　　　　　　　　[トントン]$_{Mimetic}$
　　　　　　　　　　　　[ゴツゴツ]$_{Mimetic}$

設問 2
次の語が内心構造か外心構造かを考えなさい。また、他にも例をあげて

> 論じなさい。
>
> 木ねずみ、木馬（きうま）、船乗り、波乗り

8.3 語の不可分性

　語の構造を理解する上で、主要部（の有無）という概念と並んで重要なのは、**語の不可分性**（lexical integrity）ということである。これは、語とその上の、句あるいは文の構造との間には明確な境界があり、句や文のレベルの規則が語の内部には適用できないことを意味する。具体的には、次のようなことである。

　A. 語の一部を削除することができない。
　　文の一部を繰り返しを避けるために省略することは、よく行われることである。たとえば、①と②の文では、後ろの節の「出かけた」の繰り返しを避けるために、前の節の同じ語句を省略しても文の成立には影響しない（つまり文法的に適格である）。

　　① 兄は新婚旅行に出かけ、弟は修学旅行に出かけた。
　　② 兄は新婚旅行に＿＿＿、弟は修学旅行に出かけた。

ところが、同じく繰り返しを避けるといっても、「新婚旅行」と「修学旅行」の繰り返しを避けるため複合語の一部を省略することはできない。③のような例は不適格なものになる。

　　③ *兄は［新婚＿＿］＿＿＿、弟は［修学旅行］に出かけた。

これは、省略の規則が文のレベルだけで適用するからで、その規則が複合語の内部まで侵入することが許されないためである。
　同じような現象は英語の例でも観察される。

John liked the play, and Mary disliked it.
*John liked the play, and Mary [dis-＿＿] it.

like と dislike を対比させる文脈であっても、dislike の一部を省略することは不可能である。

B. 語の一部だけを代名詞などで指し示すことはできない。

代名詞が文中の名詞を指し示すことを照応という。照応は、文の中にある名詞句と名詞句の間に成立する関係である。たとえば、次の例で、「山登り」は名詞（句）なので、「そのこと」は「山登り」と照応関係が成立する。

山登りの好きな人は、いつもそのことを考えている。

ところが、「山登り」の一部を指し示すような照応関係は成立しない。無理にそのような文を作ると不適格な文になる。

[山登り]の好きな人はそこで死んでも本望だと思っている。

上例で、「そこ」は「山」を指し示すと意図されているが、これは非常に不自然である[1]。その理由は、語の内部に外の要素から照応関係が強要されているからである。つまり、先の例と同じで、照応規則が語の内部に侵入することはできないということになる。これは照応の島とも言われる。

C. 語の内部要素を修飾することはできない。

先に複合語には修飾関係にある語根の結びつきで成立するものがあると述べた。

black bird　　　大部屋

これらの複合語では、主要部を非主要部が修飾しているという、語の内部における修飾関係が成立しているということである。同じ修飾といっても、語の外部からの修飾は許されない。

　　*very [black bird]　　　*たいへん [大部屋]

語の外からの修飾では、修飾語と被修飾語（下線の要素）が語の境界線を跨いでしまうことになる。このため修飾関係が成り立たないのである。

設問 3

下の例で「それ」が指し示すものを明らかにしながら、語の不可分性について論じなさい。

　　ガンダムファンは、皆それに夢中になった。
　　ガンダムのファンは、皆それに夢中になった。

注
1　ただし、「そこ」が、文脈から分かるような別の名詞を指す場合は、不適格な文ではない。

第9章　転換、重複、その他の語形成

9.1　語から語を作る

　第6章と第7章では、派生、複合という語形成の方法を見てきた。派生は語根に接辞が結合して新たな語が形成された。また、複合語は既存の語と語を組み合わせることによって新たな語が作られた。第3章で述べたとおり、語形成にはそれ以外にも方法がある。ここでは派生、複合以外の方法によって、既存の語から語を作る方法をまとめて見ておこう。まず初めに、既存の語の品詞を変える**転換**（conversion）、次に同じ語を重ねて作る**重複**（reduplication）、そして、既存の語の一部を切り取る**短縮**（clipping）と、短縮の一種である**混成**（blending）と**頭字語**（acronym）を見ていくことにしよう。最後に**逆形成**（back formation）と呼ばれる語形成のプロセスについても考えてみよう。

9.2　転換

9.2.1　英語の転換

　転換とは、語の形態を全く変えずに品詞だけ別のものに変更する語形成の方法である。たとえば、次の英語の文に見られるような、bookという動詞は、もともと名詞であったbookが動詞として用いられるようになったものと考えられている。

I have booked a table at our favorite restaurant.
(私は、お気に入りのレストランに席を予約した。)

語根の品詞と意味が異なる語を作るので、形の上での変化はないが語形成の一種と考えられる。このような品詞の転換による語形成は、次のように、さまざまな品詞の語根に適用する。

名詞→動詞　　bicycle（自転車で行く）、book（予約する）、broom（ほうきで掃く）、jail（牢に入れる）、bank（銀行に預ける）、summer（夏を過ごす）
形容詞→動詞　clean（きれいにする）、warm（温める）
動詞→名詞　　break（休憩）、drive（自動車道路）、kick（蹴り）、fix（苦境）、permit（許可）、throw（投げ）
形容詞→名詞　basic(s)（基本事項）、valuable(s)（価値のあるもの）

この中でも、名詞から動詞への転換は英語において非常に生産的である。その理由は、英語の動詞には固有の形態的制限がないことや、名詞の表す物から動詞が表す行為が想起しやすいことがある。Clark and Clark (1979) は、この種の転換動詞には、次に示すように、いくつかの意味的な傾向が見られることを明らかにしている。

　　　　対象に付着するもの／対象から取り外すものを表す
　　　　　　to butter the toast　　　トーストにバターを塗る
　　　　　　to bandage his ankle　　踵に包帯を巻く
　　　　　　to dust the shelve　　　棚から埃を払う
　　　　　　to bone the fish　　　　魚の骨をとる

　　　　何かを置く場所を表す
　　　　　　to shelve the books　　　本を本棚に置く
　　　　　　to jail the prisoners　　囚人を牢に入れる（投獄する）

何かをするための道具や手段を表す

  to taxi   タクシーで行く
  to mop the floor   床をモップで拭く（モップをかける）
  to hammer the nail   金槌で釘を打つ

9.2.2　日本語の転換

　日本語の場合は、動詞がそのままの形で名詞として用いられたり、あるいは逆に、名詞がそのまま動詞になることはない。つまり、英語で観察されるような転換は日本語にはないと言ってもよい。しかし、動詞の連用形[1]がそのまま名詞として用いられる例は比較的多く、これが転換の例として考えられている（伊藤・杉岡 2002）。たとえば、次の「歩き」は動詞の連用形であるが、助詞の「で」がついていることからわかるように、名詞として用いられている。

  ここまで歩きで来たの？

　また、厳密には転換とは言えないが、「愚痴る」「皮肉る」「事故る」などの動詞語幹形成の一部に転換のプロセスが見られる。以下、順に説明していこう。
　伊藤・杉岡（2002: 93–97）は、動詞連用形が名詞として用いられる例を、以下のように、いくつかのグループに分けて示している。最初のグループは、動詞連用形が「行為・出来事」「程度」「結果状態」など、具体的であれ抽象的であれ、「もの」ではない意味をもつ名詞になるもの。特に多いのは、行為・出来事であるが、単一の動詞が名詞として用いられることは少なく、複合動詞が名詞になる例が多いことを観察している。

  動詞から名詞への転換
  ① 行為・出来事：笑い、泳ぎ、争い、誘い、眠り、踊り、訴え、励まし、求め、調べ、動き、乱れ、震え、揺れ、買い戻し、焦げつ

き、繰り上げ、譲り合い、立ち入り、貸し出し、組み立て、読み取り、受け入れ、切り捨て、取り壊し
② 程度（～がいい）：出、当たり、聞こえ、滑り、切れ、育ち、ウケ、ノリ
③ 結果状態：へこみ、（パイプの）詰まり、（刀の）反り、（立派な）造り、出来、仕上がり

次に、具体的な物や抽象的な物（特に思考内容）を表すものがある。

① 内容：考え、思い、悩み、問い、望み、答え、話、感じ、祈り、定め、教え、訴え、思いつき、思い出、頼み、決まり、言いつけ、言い伝え
② 結果産物：包み、（お）握り、堀（＝掘り）、塗り、蓄え、備え、切り抜き、積み残し、書きつけ、書き置き、集まり、固まり、焦げ、余り、光り、照り、くぼみ
③ 動作主：すり、見張り、見習い、付き添い、飛び入り
④ 主体（～（す）るもの）：支え、助け、流れ、妨げ、覆い、囲い
⑤ 道具：はかり、はたき、ふるい、鋤（すき）
⑥ 対象：つまみ、吊し（＝既製服）、差入れ、知り合い、使い古し
⑦ 場所：通り、果て、（池の）まわり、渡し、流し、住まい、吹き溜まり、受付、突き当たり、押入れ

次に、動詞語幹の形成に転換が見られることを観察してみよう。日本語の動詞を形成する形態素に「する」という動詞がある。この「する」には、サ変動詞（11.2節参照）として出来事を表す名詞を目的語にとる表現（以下の①）と、出来事を表す名詞に結合した表現（②）がある。

① 太郎はドイツ語の勉強をした。
② 太郎はドイツ語を勉強した。

「勉強する」は、形態的には名詞から動詞を作り出す動詞化と考えられる。この場合、語根となる名詞は「旅行」「散歩」「評価」など出来事や行為を表す名詞（動名詞）である。ただし、この場合は、語根の名詞と合成語の動詞は異なる形態であるため転換の例ではない。

　日本語において、この「動名詞＋する」はメジャーな動詞化の方法であるが、これ以外に、それほど多くはないが、次のような、接辞の「る」をつけて語基の名詞を動詞にする例がある。

　　愚痴る　　　愚痴を言う
　　皮肉る　　　皮肉を言う
　　牛耳る　　　牛耳を執る（とる）
　　どじる　　　どじを踏む

「る」は、「食べる」の「る」と同じく、動詞語幹につく屈折語尾なので、「愚痴る」では、「愚痴」という名詞に「る」がつくとは考えられない。「愚痴」は「る」がつく前に動詞語幹となってなければならないので、語幹は名詞から動詞に転換していると考えるべきであろう。つまり、このような例では、動詞の語幹となる名詞が動詞に転換され、その結果として屈折語尾の「る」が現れたと考えるのが自然である。先に述べた「する」による動詞化の語基となる名詞が、この転換の適用を受けて動詞化する例もある。

　　事故る　　　事故する
　　拒否る　　　拒否する
　　拉致る　　　拉致する

さらに、語幹が何かの短縮形であるものが見られる。

　　愚図る　　　ぐずぐず言う（愚図は当て字なので、語幹は「グズ」である。）
　　告る　　　　告白する

キョドる　挙動不審になる、きょときょとする
　　　ボコる　　ボコボコにする、なぐる
　　　マズる　　まずいことをしてしまう
　　　チクる　　告げ口をする（チクは「くち」から転じた）

ここまで来れば、外来語の一部を切り取って、それを動詞語幹にする表現も広い意味では転換として考えてもよいと思われる。たとえば、「グーグル」という名詞を短縮して動詞化すれば「ググる」となり、「ディスリスペクト」という名詞は「ディスる」と動詞に転換される。このパターンは、次のようなものが見られる。

　　　ググる、ディスる、ダフる、ダブる、サボる、ミスる、ネグる、トラブる

これらの動詞は、外来語を動詞の語幹として取り入れる語形成の方法であるので、名詞から動詞への転換が行われていると考えられる[2]。ただし、転換の前に短縮が入っているものもあるので、形態を変えずに品詞だけ変えるという転換の定義には反することになる。

9.3　重複

　重複は、同じ語根の繰り返しによって形成される語である。完全に同じ語根形態素を繰り返す場合と、最初の形態素の形式を一部変えて繰り返す場合がある。また、言語によって重複語が数多く見られるものと、それほどでもない言語がある。英語には、重複語はあまり見られない。また、完全な重複は避けて、最初の語根の母音あるいは子音を変更した形態素を繰り返すことが行われる[3]。

　　　tick-tack, ting-dong, willy-nilly, hocus-pocus, hanky-panky, mumbo-jumbo, hodge-podge, handy-dandy, hoity-toity, helter-skelter

Humpty Dumpty, itty-bitty（itsy-bitsy）

これに対し、日本語では、重複は造語力の高い語形成となっている。特に擬音語や擬態語（オノマトペ）表現では、ほぼ自由に新たな語を作ることができる。ただし、オノマトペ以外の一般語彙では、重複語の範囲は主に名詞と形容詞に限定されている。日本語の重複語は以下のようなものがある。

　　　名詞　　　　　　山々、人々、日々、時々
　　　形容詞の語幹　　　若々しい、広々した、早々と、高々と
　　　オノマトペ　　　　ガンガン、スベスベ、ガチャガチャ
　　　慣用句　　　　　　来る日も来る日も、毎日毎日、夜毎夜毎、重ね重ね

重複名詞は名詞語根の複数（山々、人々）を表す。しかし、単純に事物が複数であることを表すものではなく、たとえば「山々」は山の連なり、「人々」は多くの人の集団を表している。そのため、どのような名詞も重複の対象になるわけではない。たとえば、「*犬犬」や「*猫猫」は作ることができない。形容詞の語幹もすべての形容詞に当てはまるわけではない。

　重複は、語としてひとまとまりになっているかが重要なので、上にあげた慣用句の重複は、句の反復が慣用句になったと考えられる。そうだとすればこれらは重複語ではない。また、次に見られるような、幼児への発話やあいづちのような発話は、重複ではなく、反復と見るべきであろう。

　　　お手々をきれいきれいしてね。　　　（幼児への語りかけ）
　　　どうも、どうも。はい、はい。　　　（発話行為）

ただし、次に見るように、語形成としての重複と発話における反復は分かち難い場合もある。

　以上のような英語と日本語の語彙における重複語の位置付けを考えると、非常に特殊と思われる面白い重複語が見られる。まず、英語の例から見てみよう。

次の例では、salad-salad、van-vans、cow-cow のような重複語が用いられているが、このタイプの重複語は、語根名詞の中核的な属性、すなわちデフォルトあるいはプロトタイプとして想定される特性を選択するような機能をもっている。

　I'll make the tuna salad and you make the SALAD-salad.
（私がツナサラダを作るから、あなたはいかにもサラダって感じのサラダを作ってよ。）
　Look at all the yellow vans on the road. Not vans like ours [i.e., minivans], but VAN-vans.
（あの通りに停っているバンを見て。うちのようなバン（ミニバン）じゃなくて、いかにもバンって感じのバン。）
　She wasn't a fancy cow, a Hereford or Black Angus or something, just a COW-cow.
（その牛は何か特別な種類の牛、たとえばヘレフォード種やブラックアンガス種のようなものではなく、まさに普通の牛だった。）
　　　　　（Ghomeshi et al. 2004: 311–312、一部省略、訳は筆者による）

salad-salad は、普通の典型的なサラダを意味している。前項の salad が大文字なのは、ここに第1強勢がおかれるという音韻的な特徴を表している。前項の salad が「典型的な」「普通の」という意味で後項の salad の意味を狭めている。ということで、見た目は重複語であるが、修飾関係にある複合名詞と見たほうがよい。
　次に日本語の方を見てみよう。日本語は、重複語が比較的多い言語である。特にオノマトペを語根とする重複語は非常に生産的であると言ってよい。しかし、上で見たような重複語とはまったく異なるタイプの重複語がある。それは次のような例で示される（小野 2015）。

　女の子女の子した女が嫌いな男性に好かれるにはどうすれば良いでしょうか？

子供子供した大人が最近多いような気がする。
　このスープ、野菜野菜してるね。

このタイプの重複語は、先にあげた重複語とは全く異なる性質を持っている。先に名詞の重複は語根が限定されていると述べたが、このタイプの重複語はそのような制限がない。そのため次のような表現も可能である。

　犬犬した犬
　猫猫した動き

このことから小野（2015）は、「山々」「人々」のような重複を語彙的重複語、「女の子女の子した」のタイプを構文的重複語と呼んで区別している。語彙的重複語と構文的重複語には次のような違いも見られる。

　瀬戸内海の島々を巡る旅　　　（しまじま）
　木々の緑も濃くなってきた。　（きぎ）

　島島している島　　　　　　　（しましま）
　木木した家が好きな人　　　　（きいきい）

語彙的重複語の方は、「しま」→「じま」、「き」→「ぎ」のように、連濁という音韻現象が見られる。連濁は、語として結合した形態素に見られる現象なので、語としてのまとまりを示している。構文的重複語にこれが見られないことは、このタイプの重複が実は重複ではなく、先に触れた反復である可能性もある。しかし、一方で、語としてのまとまりも示すので、どのように扱うかは問題の残るところである。

9.4　短縮

　ITによるコミュニケーションが大きな比重を占めるようになった現代社

会では、情報を効率よく伝えタイパをよくするために語を短縮して表現することが必要になってきた。まさにITや「タイパ」はそのような例である。ただし、既存の語を短縮して表現することは、今になって始まったことではなく、英語でも日本語でも従来からある語形成の方法である。

　短縮には、まず語の一部を単純に切り取って短くするという表現がある。英語の語の音節は一般に短いが、4音節以上になると長い語として認識され、さらに使用頻度が高いと省略されやすくなる。英語では次のようなその例である。

　　切り取り

ad	advertisement	demo	demonstration
exam	examination	fridge	refrigerator
info	information	lab	laboratory
prof	professor	pop	popular

切り取りによって短縮された語と元の語は同じ意味を表すので同義語である。これに加えて、切り取った部分をくっつけて、新たな一語を作り出すという形成方法もある。これは、**混成**（blending）と呼ばれることもある[4]。よく例としてあげられるのが、smoke と fog を合成させた smog や breakfast と lunch を合成させた brunch である。

　　混成

　　　smog　smoke + fog
　　　brunch　breakfast + lunch

混成語は、単なる短縮とは異なり、合成語が新たな意味を持つことが特徴であるが、逆に言えば、新たな概念を表す必要がなければ混成は起こらない。

　次に3番目の短縮の方法として、語（複合語）の頭文字だけを取り出す語形成があり、これによって作られた語を**頭字語**（acronym）という。頭字語形成は非常に生産性が高く、一般の辞書に載るような語から、その場で作

られて終わるものまでさまざまな段階の語が生まれる。そのようにして出来上がった語は、頭文字だけで発音する場合と一語として発音する場合がある。

頭字語
　頭文字だけで発音する
　　　AI　　artificial intelligence　　　CD　compact disk
　　　IT　　information technology　　PR　public relations
　　　PTA　parent-teacher association

　一語として発音する
　　　AIDS　　　acquired immune deficiency syndrome
　　　LASER　　light amplification by stimulated emission of radiation
　　　UNESCO　United Nations Educational, Scientific and Cultural Organization
　　　scuba　　　self-contained underwater breathing apparatus

一語として発音するものだけを頭字語と呼ぶこともある。頭文字だけで発音するものと一語として発音するものの違いは、頭字語が英語の音節構造に適合するかどうかの違いもあるが、英語の語彙に定着して一般語彙かするかどうかという要因も関わっている。たとえば、上の例の scuba は、元来、頭字語であったが、一般語彙化したために現在ではほとんどそれが頭字語であるとは意識されないで使用されている（Lieber 2022: 63）。
　頭文字による省略は、句の省略にも見られる。たとえば、a.s.a.p.、ASAP（as soon as possible）は慣用句の省略形であるが、これが語形成とみなせるかどうかは意見の分かれるところであろう。同様に微妙なところにあるのは、i.e. (id est すなわち) や e.g. (exempli gratia たとえば) も元来はラテン語の短縮語であるが、慣用化されているので短縮語とは認識されないであろう。
　日本語においても短縮は頻繁に見られる語形成である。日本語には単純な

切り取りと、切り取りと合成による混成が見られる。切り取りは、外来語に特に多く見られる。

  プレゼン プレゼンテーション
  コンビニ コンビニエンスストア
  サブスク サブスクリプション
  スト   ストライキ
  デモ   デモンストレーション
  テレビ   テレビジョン
  リーマン サラリーマン

英語から借用した語は、日本語としてモーラ数が多くなる傾向があるので、特に日本語としてまとまりの良い2モーラから4モーラの短縮語を作る傾向がある。この傾向は、複合語の短縮に見られる混成語（切り取りと合成によって作られた語）にも見られる。

 混成
  リモコン   リモートコントローラー
  スマホ   スマートフォン
  クリプレ   クリスマスプレゼント
  タイパ（タムパ） タイムパフォーマンス

英語の混成と異なり、日本語の複合語の切り取りと混成は新しい概念を指す語の形成に限らず起こる。日本語の場合は、モーラの長さを詰めるだけの機能もあるようである。上のような外来語のみならず、漢語や和語の複合語でも混成は起こる。

  東大   東京大学
  京大   京都大学
  自民党 自由民主党

うなどん　　うなぎどんぶり

これらの例では、「東京」と「大学」のそれぞれ一部を切り取り、合成したものであるが、次のような例は、これらとはやや異なる性質を持つことを森岡（2004: 10）が指摘している。

阪大（はんだい）　　大阪大学
早大（そうだい）　　早稲田大学
京浜（けいひん）　　東京・横浜
阪神（はんしん）　　大阪・神戸
労組（ろうそ）　　　労働組合

「阪大」（はんだい）は「おおさか」という形態素の一部を切り取ったのではなく、「大阪」という文字形態素（5.2節）の一部を漢字として切り取ったものであるというのが森岡の見解である。これは漢語形態素をどのようなものとして見るかということにもかかっている。

9.5　逆形成

　逆形成とは、派生による語形成が普通とは反対の方向に働いて語が形成されることをいう。これによって形成される語は数が限定されている。たとえば、次のような語が逆形成である。

動詞　　　　　　　　　　　名詞
　babysit（子守する）　　←　　babysitter
　edit（編集する）　　　　←　　editor
　burgle（家宅侵入する）　←　　burglar
　peddle（行商する）　　　←　　peddler

動作主を表す名詞は、teach → teacher のように動詞から名詞が作られる。この規則が頭にあると、editor のような名詞があると、ここから類推して、

editという動詞が存在すると考える。元々、editorは名詞だけが存在していたのだが、結果的に動詞が作られることになる。これが逆形成である。

設問 1

次の語がどのような種類の語形成によって作られたかを明らかにしなさい。

breakdown	hanky-panky	demo	AI
helter-skelter	edit	scuba	burgle
励まし	若々しい	プレゼン	ググる
事故る	日々	貸し出し	コンビニ

設問 2

名詞から動詞への転換では、語根の名詞は、転換動詞が表す行為や出来事の構成要素となることが多い。次の転換動詞の意味を調べて、語根の名詞がどのように動詞の意味に関わるのかを明らかにしなさい。

to bread	to put bread crumbs on something
to fish	to take fish from a body of water
to clown	to act like a clown

> **Discussion Topic**
>
> 「就活」や「婚活」という語がどのように形成されたか考えてみよう。「就活」は、「就職活動」の短縮形と考えられるが、同じく短縮と考えられるものに次のようなものがある。
>
> 　　　部活＜部活動、学活＜学級活動、野活＜野外活動
>
> しかし、「活動」から構成される複合語でも、次のような例は短縮形を作ることがない。
>
> 　　　*火活＜火山活動、*募活＜募金活動、*スパ活＜スパイ活動
>
> 短縮が可能なものとそうでないものの違いは何だろうか。
>
> 次に、「婚活」「終活」「妊活」の元になる複合語を考えてみよう。「〜活動」という複合語があるだろうか。さらに、「ポイ活」や「パパ活」はどうだろう。元になる複合語がなければ、そのような語は短縮によって形成されたものではないということになる。では、どのようにして形成されたのだろう。

注

1. 動詞の連用形については第11章で詳しく述べるが、ここでは「ます」や「ながら」に接続する動詞の活用形と理解してもらえば十分である。「歩く」は「歩きます、歩きながら」となるので連用形は「歩き」、「食べる」は「食べます、食べながら」となるので連用形は「食べ」である。
2. ここまでは「る」という動詞の活用語尾の話だが、先に述べた「する」も、動詞語幹を形成する役目を果たしているような例もある。「レンチンする」(レンジでチンする)や「ポチる」(クリックボタンを押す)などでは、「レンチン」や「ポチ」が元来名詞であるとは言いにくいので、動詞語幹化が働いているかもしれない。そうだとすれば先に見た例と同じである。
3. 例の一部は Lieber (2022: 98) より。
4. かばん語 (portmanteau word) とも言われる。

第10章　屈折

10.1　屈折とは何か

　屈折は派生と並んで形態論の重要な概念である。この章では、主に英語の屈折に関わる現象を通して、屈折とはどのようなものかを理解していこう。英語はヨーロッパ言語の中でも屈折による語形変化が比較的単純な言語である。読者の中でドイツ語やフランス語を勉強したことのある人は、名詞が格や性によって形を変えたり（そしてそれに接続する冠詞や形容詞も形態が異なったり）、動詞が人称によってさまざまな形に変化することに戸惑った経験があるだろう。このような語形の変化をこの章では見ていくことにする。日本語の屈折については、「活用」として次章で取り上げることにする。

　第2章で述べたように、屈折は、名詞、動詞、形容詞などの語が、文法規則によってその形を変えることをいう。文法規則によってということは、文を組み立てる上で、名詞や動詞などの語がどのように結びつくかという、その関係を表していることを意味する。名詞や動詞が文のパーツとして用いられて初めて屈折が生じるわけである。たとえば、He writes a letter. という文では、代名詞の He は、主格として主語の位置に現れ、さらに、それが男性の3人称単数であることを示している。「主語」というのは文法の概念なので、主格もそれに関わっている。さらに、その主語と結びつく動詞 writes は、3人称の単数であることによって、主語と結びついていることを示している。動詞の人称による語形変化は、文レベルで主語と結びつかなければ出てこない。そして、その動詞は、文全体の時制が現在であることも表している。動詞の語彙的な意味には、現在や過去という概念は含まれないので、こ

れも文レベルの概念、すなわち文法規則によって求められるものである。そういった理由で、屈折自体は名詞や動詞の形態論の問題ではあるが、語彙の問題というよりも統語の問題と見なされることが多い。

　屈折は、語が形を変えるプロセスではあるが、一つの語から別の語を形成するプロセスではない。この点はすでに、第 2 章で語彙素という概念を使って説明した。たとえば、派生というプロセスにおいては、write という動詞に接辞がついて rewrite という動詞や writer という名詞が作られると、それらの合成語は語根である write とは別の語になると考えられる。なぜなら、意味や品詞に変化が起こるからである。このため、派生した語は、元の語とは独立した別の語彙素になると考えられる（第 2 章における説明も参照のこと）。しかし、write という動詞が、過去の時制で用いられた He wrote a letter. のような文では、wrote という語形に、語彙的な意味や品詞の変化は起こっていない。このため下の文の writes、wrote は同じ WRITE という語彙素の異なる実現形であるという見方を紹介した。

　　He writes a letter.
　　He wrote a letter.

　名詞の屈折という概念も同じで、たとえば、book と books は、数(すう)に関わる文法上の規則によって語形が変化したものと考えられる。単数と複数というのは、名詞の語彙的な意味のように思えるかもしれないが、実は文法上の概念である。そのため、個々の名詞に単数、複数の区別はない[1]。よって、数の区別は、屈折と見なされる。book と books に単数と複数の違いはあっても、数以外でそれらが表している意味と品詞に変わりはない。語彙素という観点から見れば、book と books は一つの語彙素の異なる語形ということになる。さらに、この違いは名詞につく指示詞の数とも連動している。

　　this book　　　*these book
　　these books　　*this books

この点からも、数の語形変化は、文法上の必要性から生じていることがわかる。

屈折変化の要因として、数、格、性、人称、時制、アスペクト、ヴォイス、ムードなどがあげられる。これらの要素を**屈折素性**（inflectional features）とここでは呼ぶことにしよう。Haspelmath and Sims（2010: 82（一部改変））は、さまざまな言語に見られる屈折素性と、それらがどのような品詞に現れるか（どのような品詞の語形を変えるか）を次のようにまとめている。

屈折素性とその値	名詞／代名詞	動詞	形容詞／冠詞／指示詞
数（単数、複数）	○	○	○
格（主格、対格、属格、与格）	○		○
性（ジェンダー）（男性、女性、中性）	○		○
人称（1人称、2人称、3人称）	○	○	○
時制（現在、過去）		○	
アスペクト（完了、進行）		○	
ヴォイス（能動、受動）		○	
ムード（直説法、仮定法）		○	

このまとめによって、名詞とその付随要素（形容詞／冠詞／指示詞）に現れる屈折と動詞に現れる屈折の2つに大きく分かれることがわかる。英語はここにあげたすべての屈折素性が利用されるわけではない。以下では、英語の屈折にはどのようなものがあるか、屈折と派生の違いはどのようなものか、そして屈折を説明するのに有効な、**パラダイム**という概念について説明を加えていく。

10.2 英語の屈折素性

10.2.1 数

英語の数は、単数と複数の対立である。英語の名詞は、大きく**可算名詞**（boy, cat, computer, etc.）と**不可算名詞**（milk, wood, information, etc.）の2種類に分かれるが、可算名詞は、文中では単数、複数いずれかの形態で表現さ

れなければならない（不可算名詞は、形態上は単数としての語形をもつ）。

単数	cat	boy	box	foot	child
複数	cats	boys	boxes	feet	children

数を表す形態素としては、cats、boys、boxes に見られるように、-s /s/、-s /z/、-es /iz/ の3つの異なる形態素があるが、これらは複数を表す形態素の異形態と呼ぶことはすでに述べた通りである。数を表す形態素には、feet のように母音を変化させたものや children のように特殊な接尾辞があるが、これらは古い英語が残ったものである。

10.2.2　性（ジェンダー）

　性（ジェンダー）の違いによる語形の変化は、代名詞を除けば、英語には見られない。しかし、他のヨーロッパ言語には広く見られ、名詞の性によって冠詞や形容詞などの語形も変化する。以下に示すのは、英語とは親戚の関係にあるといってよいドイツ語のジェンダー（男性、女性、中性）による名詞の分類と、ジェンダーおよび格の違いが定冠詞の語形にどのような違いをもたらすかを表にしたものである。

男性	女性	中性
Mann　男 Hund　犬 Tisch　テーブル	Frau　女 Maus　ネズミ Mauer　壁	Kind　子供 Pferd　馬 Pult　机

名詞をジェンダーによって分類するのは、名詞のもつ語彙的な意味とはまったく無関係とは言えないところもあるが、自然の性別がないものも分類の対象になるので、語彙的な意味で決まるとは言い難い。また、さらに重要なのは、下の表に見るように、ジェンダーの違いは、格を表す語形の違い、さらに定冠詞の語形とも連動している。

格	男性名詞	女性名詞	中性名詞
1格（主格）	der Mann	die Frau	das Kind
2格（属格）	des Mannes	der Frau	des Kindes
3格（与格）	dem Mann	der Frau	dem Kind
4格（対格）	den Mann	die Frau	das Kind

　定冠詞の語形が名詞のジェンダーに応じて変化するということは、語と語のつながりにおいて生じる語形の変化ということなので、屈折とは、文法上の問題であることがわかる。

10.2.3　格と人称

　格とは、名詞が文中で主語や目的語などとして用いられる際、その語形を変化させるものであるが、英語には所有格以外の語形の変化はない。ただし、代名詞には格と人称による語形変化が、数の区別とともに存在している。ただし代名詞の屈折形も、特に2人称は単純化されている。以下の表に普通名詞と代名詞の格変化を示す。

数	格	普通名詞	代名詞		
			1人称	2人称	3人称
単数	主格	girl	I	you	he/she/it
	目的格	girl	me	you	him/her/it
	所有格	girl's	my	your	his/her/its
複数	主格	girls	we	you	they
	目的格	girls	us	you	them
	所有格	girls'	our	your	their

　次に動詞の屈折を見てみよう。人称による動詞の屈折は、英語の場合、3人称の単数形が他と異なる（write-writes）というだけで、非常にシンプルであるが、他のヨーロッパ言語はもう少し複雑である。たとえばラテン語は下の表のように主語の数と人称に応じて動詞の語形が異なる（Lieber 2022:

107)。これが動詞の屈折と言われる語形の変化である。

動詞	語幹	時制	現在		
		人称	1人称	2人称	3人称
amāre	amā	単数	amō	amās	amat
(love)		複数	amāmus	amātis	amant

　動詞の語形は、主語の名詞がどの人称と数を表すかによって、すべて異なるものになる。
　このように語形の変化を並べて表記したものがパラダイムである。屈折はしばしばパラダイムとして表記するとわかりやすくなる。同じ動詞のパラダイムを英語の動詞で作ると次のようになる。

動詞	語幹	時制	現在		
		人称	1人称	2人称	3人称
love	love	単数	love	love	loves
		複数	love	love	love

　ラテン語と比べてみると一目瞭然であるが、英語は3人称単数（loves）以外、動詞の語形は同じである。さらに言えば、過去形では、パラダイムを成すすべての語形が loved になる。英語の動詞の屈折は、簡略化あるいは退化していると言ってよい[2]。
　なお、パラダイムについては、この章の最後にもう少し詳しく考察することにする。

10.2.4　時制とアスペクト

　次に動詞の屈折として重要なのは、文中で時制（現在と過去の区別）とアスペクト（動作の継続や完了）を表す屈折である。動詞の屈折にも -d の異形態として -d /d/、-d /t/、-ed /id/ の3つの語形がある。
　英語の現在と過去の時制の区別は、次のように表される。

He walks in the park.	現在
He walked in the park.	過去

動詞には、-d または -ed という語尾で終わるものと、語幹の母音の変化によって過去時制を表すもの（take-took, write-wrote など）がある。後者を一般に不規則変化動詞と呼ぶが、これは古英語にあった動詞の屈折形の名残りである。

　動詞の屈折によって表す文法機能として、アスペクトという概念が重要である。アスペクトは、動詞の表す出来事が、どのような展開をするかを表現したものである。アスペクトとは局面という意味なので、出来事がどういう局面にあるか、すなわち始まったところなのか、進行中なのか、あるいは終了するところなのかといったことである。英語には2つのアスペクトを表す屈折形式がある。一つは、完了。これは基本的に出来事の終了局面にフォーカスした表現である。もう一つは、進行。これは出来事の継続局面、すなわち進行中の出来事にフォーカスしている。それぞれが動詞の屈折形で区別されるが、動詞だけでなく、have や be などの助動詞とともに屈折形が用いられる。

He has written a letter.	完了アスペクト	過去分詞
He is writing a letter.	進行アスペクト	現在分詞

　以上が、時制とアスペクトを表す英語の動詞屈折である。なお、英文法では、write の屈折形を過去分詞（written）と現在分詞（writing）と呼ぶが、これについては後の節で取り上げることにする。

10.2.5　ヴォイス

　次にヴォイスという文法概念に移ろう。ヴォイスは「態」とも呼ばれ、能動態と受動態に分けられる（他にもあるがここでは触れない）。能動態を表現する特別な屈折形はない。受動態も形態的には完了と同じ屈折語尾にな

る。

> The letter was written in blue ink.

英語動詞の受身を表す屈折形は、過去分詞と呼ばれる。過去分詞の形態論の問題は、また後ほど説明する。

　以上が英語に見られる屈折の諸相である。屈折にはこれ以外に形容詞の語形変化 happy-happier-happiest も含まれるが、本書では取り上げないことにする。繰り返しになるが、英語は屈折形態論が比較的単純な言語である。それでも、形態論の問題としていくつか考える必要がある。一つは、派生形態論と屈折形態論の違い。これは英語に限らず形態論の問題としてしばしば議論される。もう一つは、現在分詞と過去分詞が関わるさまざまな用法についての問題である。次からの二節ではこれらの問題を順に説明していこう。

10.3　派生と屈折

　形態論において、派生と屈折は最重要の概念であると述べたが、両者はいくつかの点で異なる。ここでは、派生と屈折を比べてその違いを明らかにしてみよう。

　派生と屈折がどのように異なるかは、形態論の議論の中ではよく取り上げられる問題である。よく取り上げられる問題であるだけに、さまざまな異なる意見があることも事実ではあるが、ここでは、主に4つの相違点を述べてみよう。

　まず第一に、すでに述べたように、派生が、語形成のプロセスであるのに対し、屈折は同じ語が形を変化させたものである。そのため、語彙素という概念を用いると、派生では、合成語がそれぞれ異なる語彙素の具現形ということになる。これに対して、屈折形態は一つの語彙素の異なる具現形と考えられる。

第 10 章 屈折　131

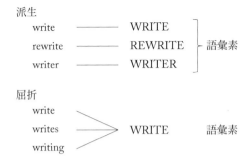

この違いは、しばしば辞書の記述にも反映されることがある。派生によって作られる語は、write と writer のように、独立した項目（見出し語）に記載されるのが普通であるが、屈折による語形は同じ項目の中に記載される情報となる。たとえば、write の語形として wrote、written、writing という語形が記載されるというのが一般的である。

　第二に、すでに述べたように屈折は文法的であるという点が派生とは異なる。屈折は、語が文の中に現れて必要となる語形変化であるので、文中の他の要素との関係によって成立するものである。これに対して、派生は、語を形成するプロセスなので、語のもつ語彙的な情報（意味や品詞）に作用する。別の言い方をすれば、屈折は統語に関わる形態的なプロセスである。

　第三に、生産性の違いがある。派生は、多かれ少なかれ、接辞がどれほど広範囲の語基につくかという生産性が問題になる。たとえば、同じように名詞を作る -ity と -ness という接辞は、-ness のほうが圧倒的に多くの種類の語基に結合することが知られている。-ity はラテン語系、フランス語形の語基につくがそれ以外の語基にはつかない。これに対して、-ness は語源にかかわらず多くの種類の語基につくことができる。つまり、後者のほうが生産性が高いのである。このような生産性という概念は、屈折には当てはまらない。屈折に対して生産性を問題にしてもほとんど無意味だからである。なぜなら、屈折は文法と結びついた語形変化なので、もしある動詞に起こる屈折変化が別の動詞に起こらなかったとすれば、その動詞を用いた文は非文、すなわち非文法的な文になってしまうからである。したがって、屈折は原則的には 100 % 適用するという性質を持っている[3]。そのため、生産的かどうか

という基準は当てはまらない。逆に言えば、派生において 100％ 適用するという接辞化はありえない。

　最後に、これはもっとも重要なことであるが、屈折と派生には、基体に接辞がつく順序の違いがあると言われている（Lieber 2022: 128）。すなわち、派生接辞が必ず屈折接辞よりも先につくという原則である。具体例を見てみよう。下の例で、-er（派生）と -s（屈折）が語根（語幹）にどのようにつくかを見てみると、write という語根に -er という派生接辞がつき、さらにそのようにして形成された writer という語幹に -s という屈折接辞がつく。

　　　writers　　　[[[write 語根]-er 派生接辞]-s 屈折接辞]

つまり、語根＞派生接辞＞屈折接辞という順番に語形が形成される。これに対して、順番を変えた次のような例は認められない。write に屈折接辞 -en がついて、さらにそれに -er という派生接辞がついた例である。

　　　*writtener　　　[[[write 語幹]-en 屈折接辞]-er 派生接辞]

この順序は、他の例でも成り立つことから、屈折と派生に関わる重要な一般原則と考えられている。この順序の原則は、Booij（2005: 114）が述べているように、Greenberg（1963）による言語の普遍原則の一つとしてあげられている。

　　　普遍原則 28　　もしある言語で語根の後あるいは前に派生接辞と屈折接辞が現れるとき、派生接辞は常に語根と屈折接辞の間にある。

「派生接辞は常に語根と屈折接辞の間にある」とは、つまり、派生屈折接辞は派生接辞の外につくということである。この点については、後で少し異なる観点から日本語の例も見てみることにする。

10.4　現在分詞と過去分詞

　一般的な英文法書では、動詞の屈折形のうち、-ing 形を現在分詞、-ed 形を過去分詞と呼ぶことが多い。現在分詞はアスペクト（進行）と非定形節を形成し、過去分詞はアスペクト（完了）とヴォイス（受動）を形成する[4]。

　　　現在分詞　①アスペクト（進行）　　　I am writing a letter.
　　　　　　　②非定形節（時制のない節）I saw him talking to a stranger.

　　　過去分詞　①アスペクト（完了）　　　He has drunk the water
　　　　　　　②受動態　　　　　　　　　The letter was written in blue ink.

さらにそれ以外にも、動詞の -ing 形には動名詞や形容詞、-ed 形には形容詞の用法がある。以下では、これらの形態素がどのような使われ方をするかをもう少し詳しく見てみよう。

　まず最初に動詞の -ing 形を見てみよう。-ing という形態素は、英語のさまざまな語に用いられているので、もはや接辞という意識が持てない場合もあるかもしれない。たとえば、morning、evening、building、during、interesting など、屈折形態や派生形態といった意識がないほど語彙の中に溶け込んでいる。動詞の -ing 形にはどのような用法があるか。英語の代表的な文法書である Quirk et. al（1972: 133–134）は、動詞の -ing 形の用法を次のようにまとめている（説明のため一部省略）。

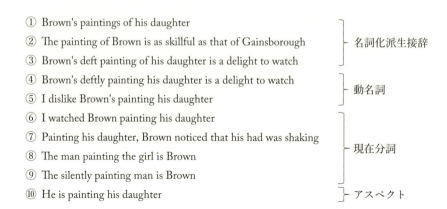

このうち、①〜③は動詞を名詞化する派生接辞である。名詞化していることは、一つは①と③で、paintings が Brown's という所有格（属格）の名詞に修飾されていること、次に、painting の目的語にあたる要素に of his daughter という前置詞句が用いられていること、そして、3つ目として、③で painting の修飾に deft という形容詞が用いられていることからわかる。次に、④と⑤は、属格の名詞が用いられているところは名詞の性質、painting の目的語に of がないところと deftly という副詞が修飾しているところが動詞の性質をもつことから、**動名詞**（verbal noun）という分析をしている[5]。⑥〜⑨は現在分詞の用法である。現在分詞は動詞の性質をもつが、時制は持たない非定形節を形成する。最後の⑩が、進行のアスペクトを表す -ing 形ということになる。

　以上の ing 形の用法のうち、①〜③を除いて、屈折接辞と考えてよい。動名詞はどちらにすべきか曖昧なところもあるが、動詞の性質を残しているところから屈折と見るべきであろう。これに対して、①〜③は、明確に名詞の性質があるので動詞から名詞に派生したと考えるべきであろう。特に①は、具体的な物を表しているので、意味的にも名詞と考えられる。ing 形が、具体的なものを表す例は他にも見られる。たとえば次のようなものである。

　　buildings, carvings, drawings, earnings, paintings, readings,
　　clothing, carpeting, flooring, opening

特に可算名詞として扱われるもの（上例では -s のついたもの）は名詞としてわかりやすい。

　このように -ing 形には、屈折接辞と派生接辞があるのだが、歴史的に見れば、元々は別の形態素であった。派生の -ing は、ゲルマン語から引き継いだ -ing、-ung という古英語の接辞から来ている。一方、屈折の -ing は、古英語では -ende であったものが、中英語で -ing、-inde、-ande と変化し、-ing が派生の語形と同化したと言われている。これは、bank（銀行）と bank（河岸）がたまたま現代語で同形になった、いわゆる同音異義語と同じである。そういう意味では、同形異形態素ということになろうか。

　さらに、動詞の -ing 形には形容詞としての用法があり、これをどう考えるかという問題もある。形容詞としての例は、たとえば次のような、名詞を修飾するような用法に見られる。

　　a sleeping car, a looking glass, a sewing machine, drinking water

これらの例は、名詞化した -ing 形の前置修飾用法として見ることもできるかもしれないが、次の例のように very によって修飾されたり、あるいは接頭辞の un- がついたりする例は完全に形容詞化していると言えるだろう。

　　His views were very surprising.　　　　　　（Quirk et. al 1972: 242）
　　unsurprising, uninteresting, uninviting, unexciting

考え方としては 2 通りあって、一つは派生接辞として形容詞を形成する -ing を別に立てること、そしてもう一つは、屈折形の -ing が転換によって、動詞から形容詞に品詞が変わったとみることである。どちらがよいのかは、読者の考え方にお任せして、ここでは結論は保留にしておく。

　次に過去分詞の方を見てみよう。過去分詞は、現在分詞ほど多様な用法があるわけではないが、一つ大きいのは、形容詞としての用法である。たとえば、次のような例では、very による修飾、un- の接辞化などによって、形容詞であることが確認される（Quirk et. al 1972: 242）。

The man seemed very offended.
The results were unexpected.

構文上は、受動文と類似しているが、これらの例では過去分詞が形容詞化していると見るべきである。その証拠に、offended、unexpected はそのまま名詞の限定修飾も可能である。

the offended man
the unexpected results

次に疑問となるのは、この -ed 形は、受動態の -ed なのか、完了の -ed なのかということである。これは、昔から文法書で問題になることで、Quirk らも答えを用意している。すなわち、次の例に見るように、形容詞化した -ed 形は、語基の動詞が自動詞であるものがあるので、これは受動態の -ed 形ではないというものである。

the escaped prisoner
the departed guests

自動詞の escape や depart には受動態がないので、-ed 形は完了形から持ってきたとしか考えられないのである。したがって、-ed 形の形容詞は、完了形を元にしていると結論できる。

最後に、現在分詞のところで考えたのと同じ疑問であるが、-ed 形の形容詞は、派生接辞なのか、あるいは完了形の転換なのかという問題である。これには、派生接辞と考える方が良い理由があるように思われる。それは、一つには、この形容詞を派生させる接辞が動詞以外の基体に適用するようになっているからである。たとえば、次の例のように、名詞や複合名詞につくことがある。

walled, wooded, blue-eyed, simple-minded

これらの例では動詞の完了形がないので、動詞の -ed 形が形容詞に転換したとは言いにくい。

> **設問**
> -ing 形が、分詞、名詞、動詞として用いられている例をあげ、それぞれなぜそのような品詞と考えるかの理由を述べなさい。

10.5 パラダイム

ここまで、屈折の語形変化を見るために、語幹に対して変化する語形を配列したパラダイムという表を利用してきた。パラダイムは屈折形態論を論じる際に欠かせない道具である。ここであらためて、パラダイムとは何かを考えてみよう。具体的な例として、10.2.3 節で見た、ラテン語の動詞語形のパラダイムをもう一度見てみよう。

動詞	語幹	時制	現在		
		人称	1人称	2人称	3人称
amāre	amā	単数	amō	amās	amat
		複数	amāmus	amātis	amant

パラダイムがどのようなものであるかを考えるために、一つ一つの語形がどのようにパラダイムを構成するかを理解しておこう。そのことを明確にするために、パラダイムを構成する個々の枠のことをセルと呼ぶことにしよう。上記のパラダイムは6つのセルから構成されている。いま仮に、それぞれのセルに番号をつけると、次のように①から⑥までのセルがあることになる。

動詞	語幹	時制	現在		
		人称	1人称	2人称	3人称
W	S	単数	①	②	③
		複数	④	⑤	⑥

このパラダイムでは、屈折素性が［時制］、［人称］、［数］の3つなので、①から⑥までのセルは、それぞれ次のように素性の値が指定されていると考えられる[6]。

① 時制：［＋現在］　② 時制：［＋現在］　③ 時制：［＋現在］
　 人称：［＋1人称］　　 人称：［＋2人称］　　 人称：［＋3人称］
　 数　：［＋単数］　　　数　：［＋単数］　　　数　：［＋単数］

④ 時制：［＋現在］　⑤ 時制：［＋現在］　⑥ 時制：［＋現在］
　 人称：［＋1人称］　　 人称：［＋2人称］　　 人称：［＋3人称］
　 数　：［＋複数］　　　数　：［＋複数］　　　数　：［＋複数］

つまり、各々のセルは、そのセルに固有の素性が指定されており、少なくとも一つの素性が他のセルとは異なるという構成になっている。パラダイムとはこのような性質を持った素性の体系であると考えられる。

このような素性の体系としてのパラダイムに、動詞Wとその語幹Sを入力すると、それぞれ①〜⑥までの語形が決まる。これがパラダイムのしくみである。パラダイムは、ある語幹について、特定の屈折素性の値（たとえば、数という素性の［単数］か［複数］という値）によってどのような語形が実現するかを表したものである。その意味で、各々のセルは、入力に対して一つの出力が決まるという関数の性質を持っている。すなわち、語幹を入力 x、語形を出力 y とすると、素性の集合が関数 $f(x)$ となり、セルは $y = f(x)$ の関係を表していることになる。

パラダイムによって屈折形態素を説明することをさらに推し進めていくと、屈折語形を形態素に分解する必要はなくなる。語形はすべて、パラダイムが適用した結果として捉えられるからである。実際、このように考えるアプローチの仕方が、特に屈折形態論では提案されており、その考え方によれば、パラダイムの入力となる語（語彙素）とその出力である語形の関係性が記述できれば、屈折を形態素に還元する必要はないということになる。これを Word and Paradigm Model（WPモデル）という。これについては、第

12 章でも触れる。

> **Discussion Topic**
> 次の合成語を形態素に分割し、派生が屈折に先立って適用することを論証しなさい。
> 　　　　unpurified
> 　　　　unbroken

注
1. この問題は実はもっと奥が深い。名詞が語彙的な意味として持つのは可算と不可算（質量）、あるいは具体や抽象といった概念であろう。しかし、不可算名詞の複数（two coffee）がしばしば用いられることからも、数は名詞の語彙的意味から分離した概念であることがわかる。ただし、集合的に複数を表す名詞（cattle, family）は、文法的概念とは異なる、語彙的な意味として数を表すと言える。
2. なぜ英語の屈折語尾が退化したのかという理由には、古英語は語頭にアクセントを置いたので、アクセントのない語尾があいまいになったという説、あるいは、古英語期に接触した古ノルド語（第 3 章参照）の影響によるという説など諸説ある（Lieber 2022: 121–123）。
3. ただし、たとえば -ed という形態素の代わりに母音の変化で過去形を表すことのような不規則な語形変化があるので、-ed が 100 %適用するという意味ではない。これはまた別の問題である。
4. 分詞（participle）という用語は、2 つの分離した機能を持つことから作られた用語である。
5. Quirk et. al (1972) は、動名詞に gerund という用語を用いていない。
6. 素性の表示のしかたはあまり適切ではないが、説明の便宜上、このようにしておく。

第 11 章　活用

11.1　日本語の活用

　日本語の屈折形態論を考える際に、屈折を 2 種類に区別する見方を知っておく必要がある。第 10 章では、文法的な関係や機能を担うために語形を変えることを屈折と呼んだが、名詞の数、性、格による屈折形を**語形変化**（declension）、一方、動詞の時制、アスペクト、ヴォイスに応じた屈折形を**活用**（conjugation）と呼んで区別することがある。日本語の屈折は、名詞の語形を変化させることがなく、主に動詞や形容詞（形容動詞）、助動詞の語形に見られるので、日本語では屈折ではなく活用と称することが多い。しかし、活用として説明されているものの中には、英語などのヨーロッパ言語の屈折と必ずしも同じとはみなせないものもある。

　日本語の屈折、あるいは活用が、どのようなものかを理解するために、言語の形態的な分類について知っておくことが役に立つ。世界の言語は、形態的な特徴によって、**屈折言語、膠着言語、孤立言語**に分けて考えることができるというものである。屈折言語とは、主にヨーロッパ言語に見られるタイプで、前節で見たように、文を形成する個々の語が自立し、それぞれの関係が屈折変化によって表わされるものである。典型的にはラテン語のような言語が屈折言語と考えられている。この言語では、語と語を結びつけるのに屈折形態素を用いる。前章で見たように、英語はかなり屈折の消失が進んでいるが、このタイプの言語である。孤立言語とは、語と語の結びつきに形態的な操作が加わらないものである。そのため孤立言語では屈折接辞が未発達である。中国語がその典型例とされ、屈折による語形の変化はない。英語は屈

折言語ではあるが、屈折変化が退化してきているので、孤立言語的な特性を併せ持つと言える。最後に、膠着言語とは、文を構成する個々の語が自立性を持たずに、形態的に一まとまりの塊をなすものである。エスキモー言語などに膠着言語の典型的な特徴が見られると言われるが、日本語も、特に述語の形成は膠着言語の特徴を示すと考えられている。これを踏まえて、英語と日本語の述語形成を比べてみよう。

　具体的な例として次のような例を見てみよう。

　　The car had been being used for weeks before it finally broke down.
　　花子は嫌いなお餅を食べさせられた。

英語の述語は、自立形態素である動詞あるいは助動詞に屈折接辞がつくことによって、次の語と結びついている。上の文では、完了の助動詞 have に過去時制を表す -ed がつく。次に、①have が完了を表す屈折形（接辞 -en によって実現される）を要求し、②さらに次の be が進行を表す -ing 形の動詞を要求し、そして、③次の be 動詞が受動態の屈折接辞 -en のついた動詞を要求する。以上を図示すると次のようになる。

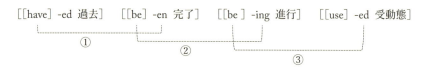

つまり、英語の述語は、自立語の屈折語尾によって、前に接する要素との結びつき、すなわち統語が成立するようになっている。これが屈折言語の特性である。

　一方、日本語の述語を構成する要素は、英語のように語として自立していない。上の日本語の文をどこかで切って読むとすれば、「花子は｜嫌いなお餅を｜食べさせられた」とするのが普通であろう。特に述語部分の「食べさせられた」は、一塊として認識されている。これはなぜかというと、述語を形態素に分離することはできるのだが、分離された形態素が他との結合を要求する形になっているからである。具体的には、次のように形態素に分割可

能であるが、

　　食べ　させ　られ　た

「食べる」という動詞は「食べ」、「させる」「られる」という助動詞は「させ」「られ」という次に何かが続く形になっている。そして、最後の「た」はそれ自身では自立しない拘束形態素である。それぞれの形態素が次の形態素と結合し、述語を形成しているので、普通はそれをどこかで分割することはできない。これが、日本語が膠着言語と言われる理由である。

　日本語のこのような形態的特徴は、英語やその他のヨーロッパ言語に見られる屈折という概念とは異なるものとして考えなければならない。屈折が文を成立させる規則（文法規則）に応じた形態的操作であるとすれば、日本語では、このような形態素と形態素が結合する形態的規則が屈折（に相当する概念）と考えられる。日本語における屈折をそのように捉えて、次の節では、語と語の結合を支配する形態的な規則を考えていこう。日本語の文法では、そのような規則は一般に活用形と呼ばれている。活用が見られるのは、動詞、助動詞、形容詞、形容動詞と考えるのが一般的である。

11.2　活用する品詞

　日本語において一般に活用が見られる品詞は、動詞、形容詞、形容動詞、助動詞と言われている。皆さんは、動詞の活用について学校文法で習ったことを覚えていることだろうか。学校文法では、現代語の動詞は、五段活用、上一段活用、下一段活用の3つのクラスと、「来る」「する」の不規則動詞に分けられている。学校文法の活用は、口語文法と文語（古典語）文法とのつながりを理解させるという学習目的のために作られたものである。さらに、仮名表記で語形（形態素）を表すという制約のため、形態論の観点から見ると問題になることが多い。次に代表的な活用表をあげるので、どのようなことが問題になるのか見てみよう。

	動詞	語幹	語尾					
			未然形	連用形	終止形	連体形	仮定形	命令形
五段	書く	か	か(ない) (せる) (れる) こ(う)	き(ます)	く	く(とき)	け(ば)	け
上一段	見る	み	み(ない) (せる) (られる)	み(ます)	みる	みる(とき)	みれ(ば)	みろ みよ
下一段	食べる	た	べ(ない) (せる) (られる)	べ(ます)	べる	べる(とき)	べれ(ば)	べろ べよ
カ行変格	来る	○	こ(ない) (させる) (られる)	き(ます)	くる	くる(とき)	くれ(ば)	こい
サ行変格	する	○	し(ない) さ(せる)	し(ます)	する	する(とき)	すれ(ば)	しろ せよ

○は空欄であることを示す。

　この活用表によると、「書く」は語幹が「か」で、「ない」という形態素に接続するときには、語尾が「か」となり、「か - か - ない」となることを表している。「ます」に接続するときは、「か - き - ます」となる。ところが、上一段動詞の「見る」を見ると、語幹が「み」で、その形態素は未然形と連用形では語尾であると分析されている。同じ形態素が語幹であると同時に語尾であるのは、私たちがこれまで考えてきたことからすれば矛盾である。さらに、下一段動詞の「食べる」では、語幹が「た」で語尾が「べ」「べる」「べれ」「べよ」「べろ」となるが、よく見れば、変化していないのは「たべ」である。したがって、語幹は「たべ」であるとするのが適切な分析であろう。もう一つ矛盾点をあげると、現代語では終止形と連体形は同じ語尾になるので、形態的にそれらを区別する意味はない。これを区別する理由は、古典語の動詞に、「起く（終止形）」と「起くる時（連体形）」や「来（く）（終止形）」「来る時（連体形）」、「す（終止形）」「する時（連体形）」のように形態が異なる動詞があったためである。学校文法で教えられる活用表の大きな問題の一つは、活用において語幹と接辞（語尾）の分け方が正しく捉えられていないことである。

11.3 活用の形態素分析

　そこで、日本語学や日本語教育では、活用としてまとめられた語形の変化をより正確に理解するため、日本語の音素単位、すなわちローマ字表記によって実態を捉えることが行われる。ローマ字で表記することで、形態素の姿がよりはっきりとわかるのである。もっとも大事なのは、ローマ字で表記すると、五段活用に分類されていた動詞群と、上一段、下一段と呼ばれていた動詞群では、語幹の作りがそもそも違うことがわかる。そのため、前者を子音（語幹）動詞、後者を母音（語幹）動詞と呼んで区別する。

	動詞	語幹	語尾					
			未然形	連用形	終止形	連体形	仮定形	命令形
子音動詞	書く	kak	a (nai)	i (ta/mas-u)	u	u (toki)	e (ba)	e
母音動詞	見る 食べる	mi tabe	Ø (nai)	Ø (ta/mas-u)	ru	ru (toki)	re (ba)	ro

規則動詞の活用

　五段活用の動詞は、語幹が子音で終わる。「書く」の語幹は「か」ではなく、「kak」である。日本語は子音が連続することを避ける言語なので、子音語幹の kak には、母音が後続しなければならない。そのため、語幹が「ない」に接続するときには、kak-nai という子音の連続を避けるために、「書かない」kak-a-nai となる。同様に、「書いた」は ka（k）-i-ta[1]、「書きます」は kak-i-masu のように語幹の語尾が変化する。上の表では、「ない（nai）」「た（ta）」「ます（mas-u）」はそれぞれの語形に接続する要素として、かっこの中に入れてある。このように、音素表記にすると、実際の語尾の形態素は、a と i であるということがわかる。この語尾変化について後ほど考察する。終止形、連体形語尾の u、仮定形の e、命令形の e は屈折語尾である。屈折語尾は、ゴシック体で示してある。

　母音語幹の動詞は、「見る」の mi、「食べる」の tabe が語幹になる。「見ない」「見ます」、「食べない」「食べます」という未然形と連用形は、mi-nai、mi-masu、tabe-nai、tabe-masu のように子音の連続は起こらないので、a と i という形態素は出現せず、語尾は無形、すなわち、ゼロ（Ø）である

と考えてよい。終止形、連体形、仮定形、命令形については、子音語幹動詞とは異なり、ru、ru、re、ro という形態素が屈折語尾として現れる。

　次に、変則的な活用をする「来る」と「する」について見てみよう。

動詞	語幹	語尾					
		未然形	連用形	終止形	連体形	仮定形	命令形
来る	k	o (nai)	i (ta)	u-ru	u-ru (toki)	u-re (ba)	o-i
する	s	i (nai)	i (ta)	u-ru	u-ru (toki)	u-re (ba)	i-ro

不規則動詞の活用

「来る」の語幹は、k と考えられ、未然形は o（こ）、連用形は i（き）という形態になる。これは、子音語幹動詞のところで見た a、i と同じで、語幹が子音であるため、「ない」や「ます」に接続するための形態素が必要になるからである。終止形、連体形、仮定形、命令形についても同じで、u と o という形態素が語尾を形成すると考えられる。これらの形態素は、次に屈折語尾の ru、re、i を導くための要素である。同様の説明は、「する」の方にも成り立つ。未然形と連用形は i（し）という形になり、終止形、連体形、仮定形は u（す）という形に屈折語尾の ru がつく。命令形は i（し）に ro という屈折語尾がつく。

　次に、子音語幹動詞につく形態素と考えた a と i が何なのかを考えてみよう。実は、日本語の動詞の活用語尾をどのように形態素分析するかには長い間研究が行われていて、さまざまな見解がある（西山 2016 などを参照のこと）。ここであげた考え方は、Shibatani (1990) が提示した基本的な考え方に沿って、影山（2019）が具体的な提案を行っているものである。影山によると、a と i という形態素の役割は、活用語尾として「裸語幹に何らかの母音を加えて語幹を拡張し、後続要素につなげるために『膠』として機能すること」（影山 2019: 16）であるとしている。こういった活用語尾は、子音語幹動詞の語幹を拡張して後続する要素とのつながりをしやすくする。そのため、語幹を拡張する機能を果たしているとも見ることができるので、このような形態素は**語幹拡張子**と呼ばれ、kak-a や kak-i は拡張語幹となる。母音語幹の動詞は、そのままの形で後続要素に接続することができるので、語

幹拡張子を追加する必要はない。同じ考え方は、変則動詞の「来る」と「する」にも適用され、k と s という子音語幹が、後続する要素に接続するためには、やはり語幹を拡張する必要があり、そのために o, i, u という語幹拡張子が必要である。

　このような拡張語幹とは別に、動詞の未然形にはもう一つ注意しなければならないことがある。それは、子音語幹動詞が使役の助動詞「させる」と受身の助動詞「られる」に接続する際にも、未然形が用いられるとされることがある。「書かせる」や「書かれる」の「書か」がそれである。しかし、この場合は、先に述べた説明のような kak という語幹が kak-a という語幹に拡張されたものではない。その理由は、母音語幹動詞と比べてみるとよくわかる。母音語幹動詞では、「食べ」という語幹に、「させ」「られ」という助動詞がそのまま結合する。これを語幹と助動詞形態素の関係を明示して表すと次のようになる。

　　使役　　　kak (s)ase ru
　　　　　　　tabe sase ru
　　受身　　　kak (r)are ru
　　　　　　　tabe rare ru

助動詞の語幹をそれぞれ sase、rare と想定すれば、子音語幹動詞では、頭子音が脱落し、母音語幹動詞ではそれが残ったと見ればよい。つまり、ここにあるのは未然形という活用形ではなく、動詞の語幹である。動詞の語幹に助動詞が接続したものである。

　次に、活用する品詞として形容詞と形容動詞を見てみよう。形容詞と形容動詞は、動詞と異なり、語幹はすべて母音で終わる。そのため、動詞と違って、それぞれの活用語尾は一種類である。また、形容動詞は、形容動詞として独立した品詞とするのが学校文法では一般的であるが、活用の異なる形容詞として見る見方も日本語教育などでは広く行われている。この考え方では、「うれしい」は、その連体形から取って**イ形容詞**、「きれい」は、同じく連体形から取って**ナ形容詞**と呼ぶことがある。

		語幹	語尾				
			未然形	連用形	終止形	連体形	仮定形
形容詞	高い うれしい	taka uresi	k-ar-o	k-at-（ta） k-u-（nai）	i	i	k-ere-（ba）
形容動詞	元気 きれい	genki kirei	da-ro	ni-（naru） de-（nai） dat-（ta）	da	na	nara-（ba）

＊形容動詞の語尾は、実際はコピュラの「だ」の屈折変化

　形容詞の活用で問題になるのは、終止・連体形以外では、語幹にないkという形態素が出現することである（上例では、「高かろ」「高かった」「高くない」「高ければ」）。このkという形態素は、古語では「高き山」のように連体形にも現れた。また、終止形は「高し」であったため、古語では連体形「高き」と終止形「高し」として区別された。通時的な変化の結果、連体形のkが消滅し、終止形ではsが消滅したため、両者は現代語では同形となったが、終止形と連体形以外ではkは屈折の一部として残った。

　形容詞のkについてもいろいろな分析があるが、ここでは、kに独立した形態素としての地位を与える分析を採用しよう（Nishiyama 1999）[2]。この分析によると、連用形の「高かった」は、kという形態素とar（u）という助動詞にtaという屈折接辞がついて、taka-k-ari-taとなり、それが音便化を経て、taka-k-a-ttaになるというものである。もう一つの連用形、「高く（ない）」にもkが出現するが、taka-k-naiとなるところ、後続する形態素との子音連続を回避するために、uが挿入され、taka-k（u）-naiとなると考える。子音連鎖が生じないaruではuの挿入は行われない。

　さらに、形容詞に関しては、次のようなことも注意しなければならない。現代語では、「高い」と「うれしい」はそれぞれ語幹が、語尾の「い」を取れば「たか」「うれし」となる。しかし、古語では、「高し」「うれし」が終止形であったため、語幹は「たか」と「うれ」と考えられ、連用形が「高-く」と「うれ-しく」と分割されるため、前者をク活用、後者をシク活用として区別して考える考え方が学校文法では一般的である。しかし、この見方では、現代語の「うれしい」の語幹は「うれし」で、古語の「うれし」の語幹は「うれ」であるという大きな矛盾が生じることになる。古語の「うれ

し」でも「うれし‐から‐ず」「うれしく‐て」「うれし」「うれし‐き‐時」「うれし‐けれ‐ども」「うれし‐かれ」のように、不変化部分は「うれし」であるので、語幹の定義からしても「うれし」が語幹であるのは自然である。

11.4　派生形態素と屈折形態素

　前節で、日本語の活用（屈折）について理解を深めてもらったところで、では、日本語の屈折とはどういうものなのかをあらためて考えてみよう。この章の最初に、日本語が膠着言語としての特徴をもち、特に動詞を中心とした述語の形成には、この膠着性がはっきり現れることを見た。それは次のような例であった。

　　　花子は嫌いなお餅を食べさせられた。

「食べさせられた」は、一つの語のように連続しているが、それは英語のような屈折言語や孤立言語には見られない特徴であった。日本語の屈折（活用）は、このような語と語、あるいは形態素と形態素が結びつくところにしか出てこないので、その役割は形態素を結合させることにあると考えられる。以下では、この点をもう少し考えてみよう。
　さて、話を進めるために、上の例に「ない」を加えた次のような述語を例として考えてみよう。

　　　食べさせられなかった

この連続は、「食べ‐させ‐られ‐なかっ‐た」と形態素に分けることができるが、学校文法では、「させ」「られ」「ない」「た」は、助動詞というラベルを貼って片付けることが多い。この場合、助動詞とは、動詞のように活用するが、それ自身は自立することなく、必ず動詞に結合する要素であるという意味である。たしかに、「させ」「られ」は、次のように動詞と同じ活用を

する。

助動詞	語幹	語尾					
		未然形	連用形	終止形	連体形	仮定形	命令形
させる られる	sase rare	Ø (nai)	Ø (ta/mas-u)	ru	ru (toki)	re (ba)	ro

また、「ない」は形容詞と同じ活用をすることが見てとれる[3]。

助動詞	語幹	語尾				
		未然形	連用形	終止形	連体形	仮定形
ない	na	k-ar-o	k-at- (ta) k-u- (nai)	i	i	k-ere- (ba)

「させ」「られ」「ない」は、動詞や形容詞と同じ活用をするが、一方、「た」はそうではない。「た」は古語の「たり」が変化したものであるが、活用は次に見るようにかなり限定的である。

助動詞	語幹	語尾				
		未然形	連用形	終止形	連体形	仮定形
た	ta	taro- (u)	○	ta	ta	tare- (ba)

まず、すぐ目につくのは、語幹と語尾の区別がほぼないことである。語形変化するのは、未然形と仮定形しかない[4]。また、さらに重要な点は、連用形がないことである。つまり、「た」は実態的には、無活用の形態素と考えてよい。したがって、上の活用する形態素と同じ助動詞の範疇に入れるのは無理がある。

　従来、日本語の非自立的で活用する語（用言）は、いろいろな呼び名で言い表されてきた。服部（1950）は、自立語に対して付属語という名称を用いる。付属語とは、語としての地位がありながら自立をしないものという概念であるが、これに対して、語としての地位がないものは付属形式と呼ばれる。つまり、自立的でない形態素（拘束形態素）には、付属語と付属形式の2種類があるという考え方である。一般には、助動詞は前者、助詞や接辞は

後者ということになる。さらに同様の区別は、宮岡（2015）によって、接語（clitic）と接辞という概念で提案されている。この場合、接語とは「語と接合（隣接）し、それとカタチとして一まとまりに結節しながらも、その主要部に前あるいは後から倚りかかる『語』」であると述べている（宮岡 2015: 159）。

つまり、このように考えれば、先ほどから問題になっている「させ - られ - なかっ - た」という「助動詞」の連鎖には、2種類の形態素が含まれているというになる。一つは、「させ」「られ」「ない」という付属語（宮岡のいう「接語」）と、「た」という付属形式（接辞）である。前者は活用し、後者はしない（少なくともほとんど退化している）。接語は、次々に結合を繰り返すことができる。これがいわゆる連用形と呼ばれる活用語尾の仕事であり、日本語の膠着言語としての形態的特性となっている。一方、活用しない「た」は、接辞として動詞あるいは述語連鎖の最後尾に現れ、述語連鎖をしめくくる要素である（宮岡 2015: 220、影山 2019: 16）。このことを確認するため、次のような形態素のつながりを見てみよう。

　食べ - させ - た
　食べ - られ - た
　食べ - なかっ - た
　食べ - させ - られ - なかっ - た

上のような結合は許されるが、次のような連続は許されない。

　*食べ - た - させ - られ - ない
　*食べ - させ - た - られ - ない
　*食べ - させ - られ - た - ない

つまり、「た」には他の活用語が後続することがないことを確かめることができるわけだが、これは先の「た」の活用表に連用形が欠落していたこととも関連している。連用形がないというよりは、活用形がないというべきであ

ろう。

　このような動詞あるいは動詞連鎖の最後で連鎖をしめくくる働きをするのが屈折接辞である。宮岡（2015）は、「日本語の屈折接尾辞とは、つまりひとつの語としての用言（ならびに用言複合体）をその最後尾で締めくくる義務的な接尾辞である（p. 224)」と述べている[5]。一方、接語は連続して語（この場合は用言複合体）を形成する能力があることから、派生接辞（用言接尾辞）としての地位を与えている。「派生接辞はふたつ（以上）が相互承接しうるが、屈折接尾辞じたいは、もはやその後にいかなる接尾辞も現れない。(p. 220)」つまり日本語の用言複合体は次のような形態的構成になるというわけである。

形態素の機能という点から見れば非常に興味深い見方である。このように学校文法でいう助動詞や助詞を派生接辞と屈折接辞に分けて考える考え方は、衣畑（2019: 72）でも論じられている。

> **設問1**
> 次の下線部の述語を形態素に分け、それぞれ動詞語幹、派生接辞、屈折接尾辞のいずれであるか考えてみよう。
> 　　名前を書かせられなければ、問題はなかったのに。

11.5　形容詞語幹に関わる現象

　次に形容詞の語幹が関わる現象を見てみよう。以下ではいくつかの現象を形態論の観点から見ていくが、説明の前提として、形容詞の語幹の分類をしておこう。国立国語研究所が公開している、「IPAL 形容詞_見出し語一覧」[6] には、136語の形容詞があがっているが、その中で語幹のタイプを4つに分類してみる。1つ目は、語幹が2モーラであるもの（熱い、痛い、薄

いなど)。これが一覧の中では最も多く、136 語中 57 語、41.9 % を占める。次に、語幹が「- し」で終わるもの（美味しい、悲しい、美しいなど）で、39 語、28.6 % を占める。3 番目に、「- し」で終わるタイプであるが、それと区別して「- かしい」のタイプがある（輝かしい、難しい、恥ずかしいなど）。このタイプは 136 語中、4 語しか見られず、数としては少ない。残りはその他として 36 語、26.4 % ある。以上を表にすると次のように示される。

語幹形式による形容詞の分類

分類	語数	比率	実例
1. ○○ - い	57 語	41.9 %	暑い、痛い、薄い、重い、痒い、寒い、高い
2. - しい	39 語	28.6 %	美味しい、悲しい、美しい、詳しい
3. - かしい	4 語	2.9 %	輝かしい、難しい、恥ずかしい、懐かしい
4. その他	36 語	26.4 %	暖かい、うるさい、いけない、たまらない

では次に、この分布を念頭において、形容詞の語幹が関わる現象を見ていこう。

　まず、最初は、形容詞の語幹の簡略化である。簡略化というのは、3 類にある「- かしい」で終わる語幹が 1 類へ移る現象である。具体的には、次のような例をいう。

　　むずい（難い）、はずい（恥ずい）、なつい（懐い）

これらは近年、若年層を中心にその使用が増えているように思えるが、一つの見方としては、形容詞の語彙の中で、より複雑な（より特殊な、と言い換えてもよい）語幹形態が、より一般的で単純な（つまりマジョリティーを形成する）類に引っ張られていったかたちである。1 類の語幹は、最大多数を占めるので、他にも「新しい」と思われる形容詞は、このクラスを中心に起こる。下にいくつかの例をあげる。

　　キモい　エモい　キショい　チャラい　うざい　アブい（危い）

これらはいずれも元になる語に短縮をかけて2モーラの語幹を作り、形容詞を派生させたものである。

　この2モーラの形式は、形容詞の中心的な形式となっているため、たとえば、次のような表現にもこの形式が関与している。

　　　たかっ　　はやっ　　かるっ　　おもっ

この表現は、「語幹単独用法」(冨樫2006)、「イ落ち構文」(今野2012)、形容詞語幹型感動文(清水2015)と呼ばれ、「話者が、眼前の事態や対象に対し、瞬間的現在時の直感的な感覚や判断を表出する私的表現行為専用の構文」(今野2012)とされる。この表現がもっとも普通に見られるのは、上のような2モーラの語幹、つまり上記の語幹の分類では1に属する形容詞である。3モーラ以上の語幹は現れにくいとされる[7]。

　　　*悲しっ　　*美しっ　　*ありがたっ

　先にあげた、3類から1類へ移った「むずい」「はずい」「なつい」も、分類が変わったので、2モーラ系の語幹として、形容詞語幹の感動文が許容される。

　　　むずっ　　はずっ　　なつっ

　次に、形容詞語幹と語尾が切り離され、本来形容詞でないものにまで接辞化する現象がある。今度はこれを見てみよう。

　次の「くない」は、形容詞の屈折語尾と否定の接語が結合したものであるが、本来の形容詞語幹を離れて、他の品詞の語幹に結合することが起こる。

　　　美し-い　　美し-く-ない　　形容詞
　　　きれい　　きれ-く-ない　　形容動詞
　　　好き　　　好き-く-ない　　形容動詞

違う　　　　ちが‐く‐ない　　動詞

形容動詞の否定は、「きれいでない」「好きでない」、動詞の否定は「違わない」になるべきであるが、上例では形容詞の屈折語尾が用いられている。これらの例は、人によって容認度に差があろうが、現実に用いられている表現であることに間違いはない。単なる文法ミスでは済まされない現象である。考えるべきことは、「くない」という形態素がどのような経緯でそこにあるかということである。形容詞の屈折語尾の /k/ はどこから来るのだろう。

　注目すべきは、ここでも語幹が切り取られて2モーラになっていることである。「きれい」が語形が「○○い」という1類とそっくりなかたちをしているので、そのまま1類形容詞に移行したのかもしれないが、後の2つは、明らかに「キモい」「エモい」と同様に短縮が起こっている。これに関しては、さらに面白いデータがある[8]。

　　ちょっと無理くない？　　　　　　　［形容動詞（語幹）＋クナイ？］
　　常識的に分かるくない？　　　　　　［動詞（肯定形）＋クナイ？］
　　あの人と似てるくない？　　　　　　［動詞（テイル形）＋クナイ？］
　　トイレのドアが開かない。これ詰んだくない？　［動詞（タ形）＋クナイ？］

これらのデータをあげた茂木俊伸氏によると、「○○くない」（「○○くね？」）表現は、語幹を拡張させ、形容動詞から動詞の完了形までその範囲を広げているとのことである。ここまで来ると、「くない」はすでに形容詞の屈折語尾という性格を失って、一つのまとまった形態素になっているのではないかと思われる。「く‐ない」は本来、それだけを切り取ることのできない形態素である。「く」は屈折語尾、「ない」は接語（補助形容詞）という別の形態素だからである。しかし、ここでは、「くない」という形態素として切り取られ、形容詞以外の基体に接辞する接辞としての地位を得ているように見える。

> **設問 2**
> 形容詞語幹以外に拡張された「○○くない」の例で、意味的な制限があるかどうかを考えてみよう。

注

1 「書いた」は、kak-i-ta という連続から k が脱落して ka-i-ta になったものである。このような音の変化を音便という。
2 ただし、k がどのような種類の形態素であるかは考え方による。西山はコピュラと述べているが、ここでは語幹と屈折接辞を接合する機能を持つ形態素と考える。
3 「ない」には概ね 3 種類の形態素がある。ここで助動詞としているのは、「書かない」「食べない」など動詞の未然形について否定を表すものである。「ない」は「ある」の対義語として、「金がない」のような形容詞であるものと、「高くない」「美しくない」のように形容詞の連用形について否定を表すものがある。これは補助形容詞と呼ばれることがある。「高くない」は「高くはない」のように、形容詞と「ない」を分離することができるが、「食べない」の方は「*食べはない」とは言えないので、分離不可能である。助動詞と補助形容詞はこの点で区別される。
4 「た」は「たり」の連体形「たる」が変化したものなので、未然形や仮定形は「たり」の活用が残ったものなので、そもそも「たる」の変化形ではない。そう考えれば、「た」は終止形と連体形しかないと言ってもよい。
5 ただし、モダリティを表す形態素は屈折形態素の外につくことができる。
6 https://www2.ninjal.ac.jp/dictionaries/IPALBA/mi.html
7 ただし、3 モーラ以上の語幹が全くないわけではなく、たとえば次のような例もあることが観察される（今野 2012）。「短っ」「アホくさっ」「気持ち悪っ」
8 茂木俊伸（2019）「コラム：日本語文法って楽しくない？不思議クナイ？」ことばの波止場　https://kotobaken.jp/digest/05/d-05-05/ 最終閲覧日 2024 年 8 月 1 日

第 12 章　形態論の理論

12.1　形態論の位置付け

　本書は、形態素が最小の意味単位であるという考え方からスタートして、語を構成するしくみをさまざまな角度から見てきた。その中で、形態素が意味の単位である考え方では無理が生じるような例も説明してきた。ここまでは、語の実際的な分析に重点を置いてきたので、あまり理論的な方法論の違いや、形態論そのものの位置付けなどについては触れてこなかった。最終章では、言語理論における形態論の位置付け、形態素の考え方、さらに現行のいくつかの理論について見ておこう。

　言語はシステムであるというのは現代言語学の基本的な見方である（第 1 章参照）。そのシステムの中で形態論がどのように位置付けられるかという問題を理解するために、下のような概念図からスタートするのがわかりやすいだろう[1]。

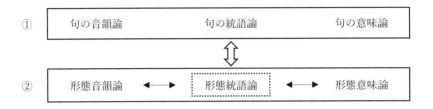

①は、文（句）のレベルの音韻論（phrasal phonology）、統語論（phrasal syntax）、意味論（phrasal semantics）から成る。文の構成単位である語がどのように句を形成し、さらに句が文を形成し、音声と意味をそれに結びつけ

るかという研究がこのレベルでの研究である。これに対し、②は、語のレベルである。形態論の音韻論（morphophonology）、形態論の統語論[2]（morphosyntax）、形態論の意味論（morphosemantics）を分けたものである。形態論の統語論とは、語を構成する要素（語根や接辞）を組み立てる規則という意味であるが、理論的な背景によってこの規則の性質は異なる。Audring and Masini (2019) によると、広義の形態論は、句のレベルに対して語のレベルの音韻、統語、意味を扱うので②がすべて形態論であるが、狭義の形態論は、形式的な規則に限定された、点線で囲った部分になる。

　しかし、このような図式で言語のシステムを捉える理論ばかりではないので、形態論の考え方にはさまざまに異なるアプローチのしかたがある。たとえば、認知言語学では、そもそも①と②のような文と語に異なるレベルを想定しない。つまり、文と句は連続体としてつながり、統語論と形態論は区別すべき領域ではないと考える（Evans 2019: 27–29）。したがって、句、語、形態素という言語単位も分離すべきものではないことになる。一方、文と語のレベルを図のように区別するとしても、句の統語論と句の形態論を分けるかどうかについては、異なる理論がある。統語論からはまったく独立したシステムとして形態論を想定するか（つまり、図の点線で囲った部分だけを形態論と考えるか）、あるいは、形態論と統語論を同じシステムとして捉えるかなど、よってたつ理論によって異なるのである。さらに、派生などの語形成と屈折を切り離して考えるかどうかというのも形態論の理論としては重要な問題である。屈折も形態論に入れるか、あるいは屈折は形態論と切り離して統語論に入れるかなど、いろいろな考え方がある。

12.2　接辞をどう見るか

　形態論の理論を理解するためには、接辞をどのようなものとして捉えるかという点に焦点を当てて見てみるとわかりやすい。この点からみると、形態論の考え方には主に3つのタイプがあると言われている。1つ目は、接辞も語根と同様に完全な語彙情報をもっている形態素であると見る考え方。そのような形態素の組み合わせ（または配列）の規則によって語形成が成り立っ

ていると考える。本書で今まで述べてきたのは、基本的にこのような考え方に沿っている。これを Item and Arrangement Model（IA モデル）という。2 つ目は、接辞は語形成の規則の一部として導入されるという考え方。この考え方では、語に規則が適用されて別の語が形成されるのが形態操作ということになるので、そもそも「語」という概念と「規則」という概念があれば語形成は説明できる。つまり、形態素という概念は理論上必要でない。この考え方を、Item and Process Model（IP モデル）という。3 つ目は、第 10 章で述べたパラダイムという概念を用いる考え方で、異なる語形はパラダイムにおける屈折素性の具現形として見るというのが基本的な考え方である。この考え方でも、語尾の説明に接辞という概念を用いる必要はない。これは、Word and Paradigm Model（WP モデル）と呼ばれる。次にそれぞれの考え方をもう少し詳しく見てみよう。

12.2.1　IA モデル

　IA モデルでは、形態素はすべて、すなわち自由形態素も拘束形態素（接辞）も語彙項目としてレキシコンに登録される。この見方は、形態素が結合して語を構成するしくみを重視したものである。具体的には swimmer という語がどのように分析されるかを見てみよう³。swimmer という語は、swim という語根と -er という接辞からできているが、語根の語彙情報と同じ情報が接辞の方にもあると考える。それぞれ次のように表すことができる。

接辞の -er も語根と同様の語彙情報をもつ語彙項目の一つと考えられる。特に、接辞の品詞が名詞に指定されているや、共起制限として、結合する相手（語基）が動詞であること（＋［V ＿］）が指定されていることに注目する必要がある。このような語彙情報を持つ要素同士を組み合わせることで、動詞の名詞化が起こると考えるのである。

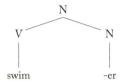

この IA モデルは、実際にある語を分割してその成り立ちを説明する方法としてわかりやすいという利点がある。また、語の内部構造を明確に提示することができることから、語が句構造（文の構造）と同じような階層構造を持つことも主張できる。そのため、先の図で、①句の統語論と、②形態論の統語論を平行的に捉えることができる。これは、後で触れるように、生成文法を理論的背景とする形態理論の重要な主張であった。また、形態素という単位を積極的に用いるアプローチでもあるので、接辞も意味と音形のある言語記号としての性格づけが行われ、その点から見れば、**形態素基盤の形態論**（morpheme-based morphology）である。

　一方で、派生形態論は説明しやすいが、屈折形態論を説明しにくいという難点もある。たとえば、walk-walked-walked なら -ed［＋ past］のような接辞を想定して説明できるが、sing-sang-sung のような母音交替で語形が変わるものは、そこから特定の接辞（記号的な形態素）を取り出すことが難しい。

12.2.2　IP モデル

　IA モデルは形態素が形態論の基本単位であるという前提であったが、形態素ではなく語を基本単位とする**語を基盤とする形態論**（word-based morphology）という考え方もある。自由形態素（自立する語）は語彙項目としてレキシコンに登録されるという点は変わらない。しかし、拘束形態素（接辞）については語彙項目とはしないという考え方である。これが、Item and Process Model（IP モデル）である。Process とは規則のことを指している。つまり、接辞は規則の一部として導入されるという考え方である。接辞は語彙項目ではなくなり、最終的には形態素という概念を理論から排除することになる。たとえば、英語の動作主名詞を派生させる規則は次のように書くことができる（Booij 2005: 7）。

　　　$[x]_V$　→　$[x\text{-}er]_N$　"one who Verbs"

このようなものが規則であれば、swim と語根があれば、-er は規則の一部と考えることができるので、接辞を語彙項目として登録する必要はない。IA モデルで接辞の語彙情報として捉えられたものは、規則の記述の中に入っているからである。-er は、音形ではあるが、それは語彙項目にはないので、そのものが意味と結びついた要素（つまり記号的な形態素）と考える必要はない。派生名詞の意味自体は規則によってもたらされると考えるので、それを -er の意味と考える必要なないのである。したがって、形態論のすることは、語彙項目として記載された語に上のような接辞化規則を適用することである。この考え方では、基本単位となるのが語なので形態素という概念は必要でなくなる。

　IA モデルで問題になった sing-sang-sung はどうなるか。これも規則として捉えれば、接辞を想定する必要はないので問題はない。母音交替は次のような規則で説明される[4]。

　　　不規則動詞の規則（swim、sing、ring、など）

CiN → CæN
[-past]　[+past]

ただし、不規則変化を捉えるための複数の規則は必要になる。

　IP モデルの形態論にあるのは、規則と規則の適用する項目（この場合は、語）があるだけである。

12.2.3　WP モデル

　さらにもう一つの考え方がある。パラダイムという概念を積極的に取り入れる考え方である。これは、パラダイムから規則をパターン化して抽出するという発想ではなく、パラダイムそのものを語形の変化を説明するツールとして用いる方法である。たとえば次のような例で説明しよう（Booij 2005: 117–118 の議論を参考にした）。

語幹	[-plural]	[+plural]
book	book	books
map	map	maps
desk	desk	desks
clock	clock	clocks

これは英語の規則的な名詞の複数形を表すパラダイムであるが、英語は、複数形（これを [+plural] という素性で表す）には語幹に -s がつき、単数形（[-plural] という素性で表す）には何もつかない、つまり語幹と同形であるという屈折変化を示す。これを先に述べた IP モデルで規則として捉えると、複数形の方は、-s という接辞に [+plural] を付与する規則として捉えることができるが、単数形の方は、接辞化がないので、形がない接辞 Ø（ゼロ接辞）を添加するという奇妙な規則を立てざるを得ない。

book → book　　　　[x]$_N$ → [x-Ø]$_{N\,[\text{-plural}]}$

book → books　　　　[x]$_N$ → [x-s]$_{N\ [+\ plural]}$

ゼロ接辞というのは、理論的にはあり得るが、この場合の説明としては非常に場当り的なものである。

　このような規則の欠点は、パラダイムが形態を指定すると考えれば解決する。つまり、上のパラダイムのセルには、指定された素性を持った語幹が指定された語形に具現化するというわけである。book という語幹は、[-plural] のセルでは book という具現形に対応し、[+ plural] のセルでは books という語形に対応する。これは具現化の規則（あるいは書き出し規則（spell out rule））と言われる。

book → book　　　　[x]$_{N\ [-plural]}$ → [x]$_N$
book → books　　　　[x]$_{N\ [+\ plural]}$ → [x-s]$_N$

これは上の接辞化の規則に似ているが、本質的なところで異なることを理解しておく必要がある。具現化の規則は、特定のセルに入った語幹が特定の形になることを明示している。つまり、パラダイムの機能を表していることになる。これに対して、接辞化規則は、特定の素性を語基に添加する接辞を想定している。WP モデルのアプローチは、具現形を語幹と接辞に分割する必要がないため、母音交替による屈折もパラダイムにおける素性の具現化として説明することができる。なお、パラダイムについては、第 10 章も参照のこと。

12.3　形態論の理論

　次に、前節で見た形態論の考え方を踏まえて、形態論の理論としてこれまで提案されてきたさまざまの理論がどのような特徴をもっているかを見てみよう。なお、形態論のもっと詳しい学史については、西山・長野（2020）に非常によいまとめがある。

12.3.1　生成文法の形態論

　60年代に生成文法が特に統語論を中心に展開した頃には、あまり形態論に目を向けた研究がなかったが、70年代に入って Aronoff（1976）が、WPモデルを基盤とした形態論の理論を提案した。この理論では、記号的形態素の存在を否定し、形態論の基本単位は形態素ではなく、語であるというアプローチの仕方を明確にした。この理論では語形成は次のような形式の規則によって捉えられる。

　　語形成規則（Aronoff 1976: 63）
　　　　$[X]_{Adj} \rightarrow [un\# [X]_{Adj}]_{Adj}$
　　　　semantics (roughly) un#X=not X

この規則が適用した結果、次のような語が形成される。

　　　unhappy, unbearable, unflagging, unburied, unworthy, unseemly, unmindful

接辞化された un- 形容詞の意味は、この規則によって指定されるもので、形態素が持つものではない。拘束形態素（接辞）は語形成規則によって導入される。

　Aronoff の理論は、文法規則に準じた語形成規則を中心に据えたものだったが、80年代に入って統語理論がより一般化を求めて、規則によって捉えていたものを原理に集約するようになると、規則としての語形成は統語論との整合性がとれなくなった。そのため、統語論の原理を語のレベルに適用し、句構造と平行的な語構造、あるいは**語の統語論**（Word Syntax）という考え方が生まれた。Selkirk（1982）、Di Sciullo and Williams（1987）はそのようなアプローチの代表的なものである。文の構造（句構造）は、中核にある主要部（head）とその投射によるスキーマによって形成されるという X バー理論を語構造にも適用すると考えたのである。基本的な派生語のスキーマは次のようになる。

第 12 章　形態論の理論　165

このスキーマに基づいて、語構造は次のように形態素を組み合わせる。

この理論は、Aronoff とは異なり、IA モデルを基盤としている。すなわち、接辞が語構造に挿入される形態素としての地位を与えられているのである。

12.3.2　分散形態論

　さらに 90 年代に入り、統語論の理論がミニマリストプログラムと呼ばれるようになると、その考え方を形態論においても進めた理論が登場した。それが、**分散形態論**（Distributed Morphology）である。ミニマリストプログラムには、X' スキーマはなくなり、操作として許されるのは、**併合**（merge）と**移動**（move）だけになった。分散形態論でもそれは同じで、併合によって語彙項目の可能な組み合わせが決まり、それによって構造が作られると考える。つまり、形態素を語彙項目とする IA モデルの考え方を踏襲している。さらに、形態素自体は素性の集まりであり、派生の最終段階で、その素性に音形と結びつき具現化するという意味で、それは具現化モデルでもある（Siddiqi 2019）。

　分散形態論では形態操作は、統語構造と同じく併合と移動によって行われる。併合は構造を作っていく操作なので、まずはじめに、語根としての dog は、品詞や音形を持たない抽象的な存在（√DOG）があり、併合によって √DOG が名詞として具現化される場合は、名詞の素性をもった n と結合して nP という文法範疇を構成する。

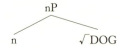

この構造が次に数素性を持つ範疇 Num と併合すると、次のように NumP を形成する。

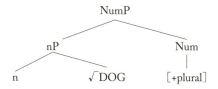

さらにこの構造に名詞素性を持つ範疇が結合し、最終的には句構造において dogs という名詞句が派生する。

　句構造と語構造は分離しないので、たとえば、第 11 章で取り上げた、日本語の形容詞の屈折語尾は次のような句構造で表現される (Nishiyama 1999)。

　　山が高かった

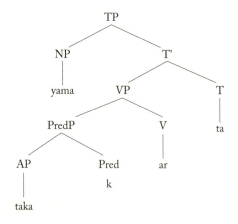

　分散形態論は、形態素基盤のモデルであり、形態論の 3 つのタイプという観点から見れば、形態素基盤のアプローチということになる。分散形態論は、その理論的な性質上、屈折などの形態統語論的な問題に強みを発揮する

が、その他の領域でも展開が進んでいる（大関・漆原 2023）。

12.3.3 モジュール形態論

　形態論を統語論とは独立した装置とみなしながらも、形態操作（すなわち語構成）は、語彙部門に限らず、統語部門においても行われるというのがモジュール形態論の考え方である（影山 1993, 2019）。影山（2019: 2）によれば、その構成は次のような図で説明される。

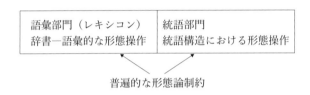

語彙的な形態操作に加えて、統語構造における形態操作も想定し、両構造における形態操作には適用条件においてさまざまな違いがあり、また同時に、両構造には有機的なつながりがあるという主張である。
　一つの例をあげると、語の不可分性の原則によって、複合語の内部にある要素を代名詞によって指示することはできないという、いわゆる照応の島の制約がある（第 8 章参照）。これによって次の例では、「皿」を複合語の外から「その」で指すことはできない。

　　* ［皿洗い］をしているときに、その一枚を割ってしまった。

ところが、日本語の複合語には統語部門で形成されたと考えられるものがある。つまり、形態操作が統語部門でも作用するわけだが、統語部門で形成された複合語では、内部の要素だけを代名詞によって指すことができる。下の例では、統語的な複合語の内部要素「売上税」を「それ」で指すことができることを示している（影山 1993: 352–353）。

　　野党が［売上税：撤回］を要求したので、政府はやむなくそれを断念し

た。

統語部門で形成される複合語があること。そして、そのような複合語は語彙的な複合語と性質を異にすることがわかる。

このように、統語構造における語形成という一見矛盾する現象が現実には起こっていることをモジュール形態論は説明するのである。

12.3.4　コンストラクション形態論

コンストラクション（construction）とは文法用語では構文のことを意味し、特定の語の配列、たとえば［名詞句 be 動詞 -ed（by 名詞句）］のようなものを受動構文と呼んだりする。このような、構文は特定の形式と特定の意味や談話機能が結びついた、言語記号（第1章参照）であると考えられる。記号としての構文という概念を積極的に取り入れたのが、**構文文法**（Construction Grammar）である（Evans 2019）。構文文法は、認知言語学を理論的基礎として成り立つ文法の理論である。

この構文文法の考え方を形態論に移植したのが**コンストラクション形態論**（Construction Morphology）である[5]。コンストラクション形態論は、構文文法の基盤（つまり、認知言語学の基盤）を受け継いでいるので、記号としてのコンストラクションという概念、語を基盤とする形態論（word-based morphology）、そして用法基盤モデルという特徴がある（Masini and Audring 2019）。

次に具体的な例をあげて、コンストラクション形態論のエッセンスを見てみよう。英語の動作主名詞 baker は、コンストラクション形態論では次のような形式（次の図の FORM）と意味（次の図の MEANING）の対応した記号として表示される[6]。

第 12 章　形態論の理論　169

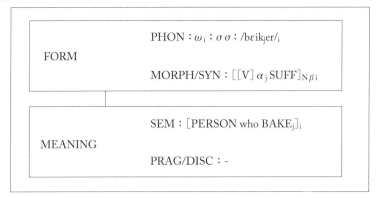

　この語彙表示が表しているのは baker そのものの形式と意味なので、派生的な概念はない。つまり、bake という動詞語根に -er という接辞がついて baker が派生するといった規則は想定しないのである。つまり、合成語を形態素に還元して派生過程を説明するといったことはしない。
　英語の動作主名詞は、形態上の対応関係から、次のようなパラダイムをなすことが実際の例から観察される。

　　bake　　　baker
　　swim　　　swimmer
　　eat　　　　eater
　　paint　　　painter

それぞれの動作主名詞も上にあげた baker と同様の語彙表示をもつと考えられるので、このパラダイムから一つのパターンが抽出され、それが次のスキーマ（schema）として抽出される。

　　$< [[x]_{\alpha j} \text{er}]_{N \beta i} \leftrightarrow [\text{PERSON who PRED}_j]_i >$

これがコンストラクションである。このプロセスは、派生規則によって捉えられていない点、そして上記のようなパラダイムから一般性を抽出するしく

みを想定する点が用法基盤モデルである所以である。

12.4　まとめ

　形態論の理論（モデル）は、基盤となる言語観や言語理論によってその目的や方法論が異なる。また、基盤を共有していても、どのような現象を取り上げるか、あるいはどのような言語を主に扱うかによっても異なる。したがって、どの理論がもっとも優れているかという問題ではない。もっとも重要なのは、自分が疑問に思ったこと、興味をもったことに明快に答えてくれるアプローチのしかたを見つけることである。形態論の理論は、本章で紹介したもの以外にも数多くあるので、いろいろな考え方を知ることも大切である。

注
1　この図は、Audring and Masini（2019: 3）が、形態論の位置付けを説明するためにあげたものが元になっている。説明のため一部改変した。
2　syntax に一般に当てられる訳語は「統語論」であるが、統語論とは字義通りに言えば、語から句を構成することなので、形態論の統語というのは用語としては矛盾する。ここでは「統語」というのは「形態素から語を作ること」といった意味である。
3　以下の議論は Lieber（2022）、Booij（2005）を参考にした。
4　以下の規則は、Lieber（2022: 212）による。
5　コンストラクションは、「構文」という訳語を当てると形態論と齟齬が生じるので、ここではそのままコンストラクションと呼んでおく。
6　以下の議論は、Booij（2005）、Masini and Audring（2019）による。

次のステップへ　文献ガイド

　本書は、語の実際的な分析を通して形態論の面白さを学ぶことを目的として書きました。形態論の理論的な側面は、最後の章を除いて、意図的に省きました。しかし、何かを分析しようとするとき、理論的な道具立てを全く持たずに現象に取り組むことはあり得ません。たとえば、本書の最初で「語を形態素に分解する」と言いましたが、そう言った瞬間に、ある理論を受け入れ、ある理論を排除したことになります。

　この本の読者が次のステップに進み、自分で理論を選択し、形態論の分析の楽しさを知ってもらうために、次のステップとして読むべき本を選びました。しかし、お断りしておかなければなりませんが、選択の基準は私の経験と好みに大きく依存しています。私が面白いと感じることを他の人も面白いと感じるとは限りません。あくまで個人的な好みによって選んだ形態論の入門書であることをご承知の上、お読みください。

古典的なイントロダクション

　私が大学院生だった頃、かれこれ〇十年前ですが、形態論の研究が突如盛り上がりました。そのころ急激に進展した形態論の概念や理論を丁寧にまとめた本が以下の2冊です。

　　Spencer, Andrew (1991) *Morphological Theory*. Basil Blackwell.
　　Katamba, Francis (1993) *Morphology*. The MacMillan Press.

Spencer の方はどちらかといえば理論的、Katamba の方は実践的です。今となっては古典的な分析を知るにはマストな本ですが、「古典的」というのは決して「古い」ということと同義ではありません。「温故知新」という格言が教えてくれる通り、昔のことを知ることは、現在の問題を理解することに

つながります。古い本ですが、大学の図書館には大抵あると思いますので、若い学生諸君にはぜひ手に取ってもらいたい本です。

今現在のスタンダードな入門書

　先の2冊が80年代の理論展開の上に立って書かれたものとすれば、その後の形態論の進展を踏まえて、形態論を紹介してくれているのが、次の2冊です。どちらも現時点での最良のガイドブックとなっています。入門書として当然ながら、2冊は取り上げる内容が重なるところも多々あります。たとえば、屈折と派生の違いなど、形態論で問題になることは当然入っていますが、その議論は微妙に視点が違っています。そこが面白くて勉強になります。両書とも非常に読みやすいので（特にLieberは、私がこの本を書きたいと思ったきっかけでもあります）、読み比べて楽しむというのが正解です。

　　Booij, Geert（2005）*The Grammar of Words: An Introduction to Morphology*. Oxford University Press.
　　Lieber, Rochelle（2022）*Introducing Morphology*, Third Edition. Cambridge University Press.

もう一つ付け足すと、下の一冊は手元においておくとさらに便利な参考図書となっています。

　　Bauer, Laurie, Rochelle Lieber, and Ingo Plag（2013）*The Oxford Reference Guide to Morphology*. Oxford University Press.

日本語中心の文献

　さて、英語で書かれた本には、日本語の分析はあまり出てきません。そこで、日本語の形態論を知りたければ、日本語で書かれた本を読む必要があります。国語学の伝統には数多の形態論の研究書がありますが、私が通ってきた道で、古典的な文献としてお勧めしたいのは以下の2冊です。

斎藤倫明・石井正彦（編）（1997）『語構成』ひつじ書房
　　影山太郎（1993）『文法と語形成』ひつじ書房

　この2冊は入門書ではありません。斎藤・石井は、語構成の分野で編者たちが当時影響力の強かった論文を目利きして選んだものです。編者たちの確かな眼力で選ばれた論文は今でも面白いものばかりです。もう一つの影山の著書は、影山の提唱するモジュール形態論をベースにさまざまな形態現象を分析しています。400ページ近い大部の著作ですが、その精緻なデータ分析は今も色褪せることなく刺激的です。

　次は、英語と日本語の対照分析を知ることのできる本です。英語学のシリーズものの一巻ですが、日本語のデータもたくさん取り上げられており、英語と日本語の両方に目配りしながら、丁寧な説明を展開しています。入門書として読んでも、十分読み応えのある良書です。また、最後の章では、語形成の神経言語学的な研究にも言及されていてとても勉強になります。

　　伊藤たかね・杉岡洋子（2002）『語の仕組みと語形成』研究社

　以上が、「古典的な」書籍とすると、次に紹介するのは、形態論の今を知ることのできる本です。今の潮流を知るには、最近出版されたこの2冊は欠かせません。

　　漆原朗子（編）（2016）『形態論』朝倉出版
　　西山國雄・長野明子（2020）『形態論とレキシコン』開拓社

　2冊とも入門書と言っていいと思いますが、漆原の方は、何人かの著者がそれぞれ得意の分野を解説しています。派生と屈折という古典的な形態論の問題から、形態処理の脳内メカニズム、はたまた自然言語処理まで、編者の形態論への熱意が伝わってくる構成になっています。西山・長野は、形態論全般を網羅するというより、他とは一味違う構成で、著者たちが携わってきた最新の研究をわかりやすく解説しています。形態論の学史、英語派生名詞の

問題、日本語形態論の問題など、英語と日本語、両方の形態論に言及されていて読み応えがあります。理論的には、分散形態論のアプローチを知る良い機会になります。さらに分散形態論の最新情報は、さまざまな論考を集めた次の書籍がカバーしてくれます。

　　大関洋平・漆原朗子（編）（2023）『分散形態論の新展開』開拓社

以上、ここであげたのはあくまで私個人の経験と好みによるものです。他にもたくさんの良書があります。本書がきっかけとなって、皆さんが次の本と出会えますように。心から祈っています。

参考文献

石井正彦（編）（2019）『語彙の原理―先人たちが切り開いた言葉の沃野』朝倉書店
伊藤たかね・杉岡洋子（2002）『語のしくみと語形成』研究社
漆原朗子（編）（2016）『形態論』朝倉出版
大関洋平・漆原朗子（編）（2023）『分散形態論の新展開』開拓社
沖森卓也・木村義之・田中牧郎・陳力衛・前田直子（2011）『図解日本の語彙』三省堂
沖森卓也（編）（2021）『日本語文法百科』朝倉書店
小野尚之（2015）「構文的重複語形成―『女の子女の子した女』をめぐって」由本陽子・小野尚之（編）『語彙意味論の新たな可能性を探って』pp. 463–489. 開拓社
影山太郎（1993）『文法と語形成』ひつじ書房
影山太郎（1999）『形態論と意味』くろしお出版
影山太郎（2019）「日本語の述語膠着とモジュール形態論」岸本秀樹・影山太郎（編）（2019）『レキシコン研究の新たなアプローチ』pp. 1–25. くろしお出版
柏谷嘉弘（1982）「漢語の変遷」森岡健二（編）『講座日本語学 4 語彙史』pp. 48–69. 明治書院
衣畑智秀（編）（2019）『基礎日本語学』ひつじ書房
国広哲弥（1982）『意味論の方法』大修館書店
今野弘章（2012）「イ落ち―形と意味のインターフェイスの観点から」『言語研究』141: 5–31.
斎藤倫明・石井正彦（編）（1997）『語構成』ひつじ書房
島村礼子（2014）『語と句と名付け機能―日英語の「形容詞＋名詞」形を中心に』開拓社
清水泰行（2015）「現代語の形容詞語幹型感動文の構造―「句的体言」の構造と「小節」の構造との対立を中心として」『言語研究』148: 123–141.
冨樫純一（2006）「形容詞語幹単独用法について―その制約と心的手続き」『日本語学会 2006 年度春季大会予稿集』pp. 164–172.
西川盛雄（2021）『接辞から見た英語―語彙力向上をめざして』ひつじ書房
西光義弘（編）（1997）『英語学概論』くろしお出版
西山國雄（2016）「第 4 章 屈折形態論：日本語動詞の活用と英語の不規則動詞」漆原朗子（編）（2016）『形態論』朝倉書店
西山國雄・長野明子（2020）『形態論とレキシコン』開拓社
服部四郎（1950）「付属語と付属形式」『言語研究』15: 1–26.

宮岡伯人（2015）『「語」とは何か・再考―日本語文法と「文字の陥穽」』三省堂
宮島達夫（1973/1997）「無意味形態素」斎藤倫明・石井正彦（編）（1997）『語構成』88–100．ひつじ書房
森岡健二（2004）『日本語と漢字』明治書院
山極寿一・鈴木俊貴（2023）『動物たちは何をしゃべっているのか？』集英社
由本陽子（2005）『複合動詞・派生動詞の意味と統語―モジュール形態論から見た日英語の動詞形成』ひつじ書房
由本陽子（2015）「『名詞＋動詞』複合語の統語範疇と意味的カテゴリー」益岡隆志（編）『日本語研究とその可能性』80–105．開拓社

Anderson, Stephen R. (2019) A Short History of Morphological Theory, in Audring and Masini (ed.) (2019), 19–33.
Aronoff, Mark (1976) *Word Formation in Generative Grammar*. MIT Press.
Audring, Jenny and Francesca Masini (ed.) (2019) *The Oxford Handbook of Morphological Theory*. Oxford University Press.
Bauer, Laurie, Rochelle Lieber, and Ingo Plag (2013) *The Oxford Reference Guide to Morphology*. Oxford University Press.
Booij, Geert (2005) *The Grammar of Words: An Introduction to Morphology*. Oxford University Press.
Clark, Eve V. and Herbert H. Clark (1979) When Nouns Surface as Verbs. *Language* 55: 767–811.
Di Sciullo, Anna Maria and Edwin Williams (1987) *On the Definition of Word*. MIT Press.
Evans, Vivyan (2019) *Cognitive Linguistics: A Complete Guide*. Edinburgh University Press.
Ghomeshi, Jila, Ray Jackendoff, Nicole Rosen and Kevin Russel (2004) Contrastive Focus Reduplication in English (the salad-salad paper). *Natural Language and Linguistic Theory* 22: 307–357.
Greenberg, J. (1963) Some Universals of Grammar with Particular Reference to the Order of Meaningful Elements, in *Universals of Language*, 73–113. MIT Press.
Haspelmath, Martin and Andrea D. Sims (2010) *Understanding Morphology*. Routledge.
Katamba, Francis (1993) *Morphology*. The Macmillan Press.
Kikuchi, Yuki (2019) An analysis of N-*free* X and N-*less* X based on construction morphology. *JELS* 37: 59–65.
Lieber, Rochelle (2019) Theoretical Issues in Word Formation, in Audring and Masini (ed.) (2019), 35–55.
Lieber, Rochelle (2022) *Introducing Morphology*, Third Edition. Cambridge University Press.
Masini, Francesca and Jenny Audring (2019) Construction Morphology, in Audring and

Masini (ed.) (2019), 365–389.

Nishiyama, Kunio (1999) Adjectives and the Copulas in Japanese. *Journal of East Asian Linguistics* 8 (3): 183–222.

Pinker, Steven (1994) *The Language Instinct: How the Mind Creates Language*. William Morrow and Company.『言語を生み出す本能（上・下）』(1995) 椋田直子（訳）NHK出版

Pustejovsky, James and Olga Batiukova (2019) *The Lexicon*. Cambridge University Press.

Selkirk, Elizabeth O. (1982) *The Syntax of Words*. MIT Press.

Shibatani, Masayoshi (1990) *The Languages of Japan*. Cambridge University Press.

Siddiqi, Daniel (2019) Distributed Morphology, in Audring and Masini (ed.) (2019), 143–165.

Spencer, Andrew (1991) *Morphological Theory: An Introduction to Word Structure in Generative Grammer*. Basil Blackwell.

Quirk, Randolph, Sidney Greenbaum, Geoffrey Leech and Jan Svartvik (1972) *A Grammar of Contemporary English*. Longman.

索引

A–Z

cranberry 問題　60
Item and Arrangement Model（IA モデル）　159
Item and Process Model（IP モデル）　159, 161
Word and Paradigm Model（WP モデル）　138, 159, 163
X バー理論　164

あ

アクセント　84–85
アスペクト　24, 128
アングロ・サクソン系の語彙　33–35
アングロ・サクソン人　30

い

イ形容詞　147
異形態（allomorph）　55, 74, 79
意味を持たない形態素　59–60
移動（move）　165

う

ヴォイス　129

え

英語の歴史　30

お

送り仮名　53
オノマトペ　113
音読み　52, 55

か

外心構造（exocentric structure）　102
外来語　37, 51, 95, 112
カ行変格（動詞）　144
格　127
過去分詞　133, 135–137
可算名詞　125
活用（conjugation）　20, 26, 141, 143
上一段（動詞）　144
漢語　37–39, 51, 95
漢語形態素　52–54, 56–58, 80

き

記号　1, 168
機能語（function word）　14
逆形成（back formation）　107, 119
強勢（アクセント）　83
近世日本語　36
近代英語　31
近代日本語　36

く

屈折　20, 23, 123, 143
屈折言語　141
屈折語尾　111, 145, 154, 166
屈折接辞　142, 152
屈折素性（inflection features）　125
区別的な意味（differential meaning）　61–62, 85
訓読み　52–53, 55

け

形式辞（formative）　46–47, 50, 57

形態素（morpheme）　16–17, 41–42, 52, 58–59, 62, 149
形態素基盤の形態論（morpheme-based morphology）　160
形態論　5–6, 15, 157–158
形容詞　166
形容詞（の語幹）　152
形容詞の活用　148
言語の創造性　2
現在分詞　133–135

こ

語（word）　13, 15, 18
語彙　8–9, 29
語彙素（lexeme）　24–25, 124
語彙層（lexical strata）　32, 37, 51, 77
語彙的意味　21
語彙的重複語　115
語彙的複合動詞　92–94
合成語（complex word）　18
構造主義　3
拘束形態素　17
膠着言語　141, 149
構文的重複語　115
構文文法（Construction Grammar）　168
古英語　30
語幹（stem）　24
語幹拡張子　146
語幹単独用法　154
語基（base）　65, 67, 70, 131
語形　19
語形成（word formation）　20
語形成規則　164
語形変化（declension）　141
語根（root）　21, 25, 41, 43, 50, 165

語根複合語（root compound）　89
古代日本語　36
五段（動詞）　144
語の統語論（Word Syntax）　164
語の不可分性（lexical integrity）　104, 167
古ノルド語　32, 35
孤立言語　141
語を基盤とする形態論（word-based morphology）　161
コンストラクション形態論（Construction Morphology）　168
混成（blending）　107, 116, 118

さ

サ行変格（動詞）　144
サ変動詞　110

し

子音（語幹）動詞　145
字音　55
字訓　55
時制　24, 128
実詞　14
シニフィアン　1
シニフィエ　1
下一段（動詞）　144
自由形態素　17
修飾　106
修飾関係(head-modifier, attributive compound)（の複合語）　89–90, 95
従属的複合語（subordinate compound）　87
述語関係（predicate-argument）（の複合語）　87, 95
主要部（head）　85–86, 97
順序（接辞）　66, 132

照応　105
照応の島　105
畳語　23
上代日本語　36
省略　104
助動詞　143, 147, 150
自立的　15

す

数　23, 125
スカンジナビア語　32

せ

性（ジェンダー）　126
生成文法（の形態論）　164
接語（clitic）　151
接辞（affix）　21, 41, 50, 65, 158
接頭辞　41, 43, 49, 65, 100
接尾辞　41–42, 49, 65, 100

た

短縮（clipping）　20, 107, 116–117
単純語（simple word）　18

ち

中英語　31
中間的 re-　48
中古日本語　36
中世日本語　36
重複（reduplication）　20, 23, 103, 107, 112

て

定冠詞　126
転換（conversion）　20, 22, 103, 107

と

統合的複合語（synthetic compound）　87
統語的複合動詞　92–94
頭字語（acronym）　107, 116
動詞語幹　110–112
動作主　78
動名詞（verbal noun）　134

な

内心構造（endocentric structure）　101
内容語（content word）　14
ナ形容詞　147
名づけ　8

に

人称　24, 127
認知言語学　4

は

ハイフン　84
派生（derivation）　20–21
派生語　100
派生接辞（英語）　67–70
派生接辞（日本語）　75–77
派生と屈折（の違い）　130–132
パラダイム　125, 128, 137–139, 162
反復　113

ひ

否定接辞　72–73
非自立的な語根　56–58
品詞　18

ふ

不可算名詞　125
複合（compounding）　20, 22
複合語　83, 100
複合動詞　92
付属形式　150
付属語　150–151
不変化詞　94
普遍原則　132
分散形態論（Distributed Morphology）　165
文法規則　123
文法範疇　18

へ

併合（merge）　165
並列関係（coordinate compound）（の複合語）　91, 95
並列複合語　103

ほ

母音（語幹）動詞　145
補文　94

み

右側主要部の規則　98–99

め

メンタル・レキシコン　9–10

も

モジュール形態論　167
文字形態素　55, 119

ら

ラテン系の語彙　33–34
ラテン語系動詞　43–46

れ

連濁　23, 84, 115
連用形　109

わ

和語　37, 39, 51
和語形態素　52–54

【著者紹介】

小野尚之（おの　なおゆき）

[略歴] 大東文化大学外国語学部特任教授、東北大学名誉教授。博士（文学）。鳴門教育大学、山形大学、東北大学を経て、2022年から現職。専門は、形態論、語彙意味論。
[主な著書・論文]『生成語彙意味論』（くろしお出版、2005）、『語彙意味論の新たな可能性を探って』（開拓社、2015、共著）、「「Nをする」構文における項選択と強制」（『複雑述語研究の現在』、ひつじ書房、2014）、*Agent Nominals. Handbook of Japanese Lexicon and Word Formation.*(De Gruyter Mouton, 2016)、「軽動詞構文における強制と共合成―「する」と「ある」をめぐって」（『名詞をめぐる諸問題―語形成・意味・構文』、開拓社、2020）など。

ベーシック
形態論

A Basic Guide to Morphology
Ono Naoyuki

発行　2024年10月21日　初版1刷
定価　2000円＋税
著者　Ⓒ 小野尚之
発行者　松本功
装丁　大崎善治
印刷・製本所　亜細亜印刷株式会社
発行所　株式会社　ひつじ書房
　　　〒112-0011 東京都文京区千石 2-1-2 大和ビル 2F
　　　Tel.03-5319-4916　Fax.03-5319-4917
　　　郵便振替 00120-8-142852
　　　toiawase@hituzi.co.jp　https://www.hituzi.co.jp/

ISBN978-4-8234-1261-5　C1080

造本には充分注意しておりますが、落丁・乱丁などがございましたら、小社かお買上げ書店にておとりかえいたします。ご意見、ご感想など、小社までお寄せ下されば幸いです。